»Man kann sein Schicksal
weder voraussehen
noch ihm entgehen;
doch man kann es annehmen.«

Christine von Schweden (1626 - 1689)
schwedische Königin

Birgit Klemm

Gib nicht auf! Kämpfe!

Fünfzehn Erfolgsgeschichten

Bibliografische Information der Deutschen Nationalbibliothek: Die Deutsche Nationalbibliothek verzeichnet diese Publikation in der Deutschen Nationalbibliografie; detaillierte bibliografische Daten sind im Internet über http://dnb.dnb.de abrufbar.

© 2016 Birgit Klemm / Vital e.V.

Illustrationen: Regina Schütze
Cover: Volkmar Klemm
Lektorat: Dr. Frieder Spitzner

Herstellung und Verlag: BoD – Books on Demand, Norderstedt
ISBN: 9783741280986

Inhaltsverzeichnis

VORWORT 7
DIETER N. 10
SANDRA B. 17
GERHARD F. 33
KARIN M. 40
ROLF T. 49
SILKE M. 64
WOLFGANG A. 78
DORIS M. 87
ELKE UND SVEN D. 95
ASTRID K. 105
ROBERT S. 116
ADELE L. 126
CORNELIA A. 138
DIRK R. 153
UWE B. 165
DANK 176
LITERATUR UND INTERNET 180

Autorin

Birgit Klemm
geb. 1961 in Reichenbach/Vogtland
1979 - Abitur in Karl-Marx-Stadt/Chemnitz
1979 bis 1983 - Studium in Karl-Marx-Stadt/Chemnitz
Abschluss als Diplomlehrerin für Mathematik / Physik
verheiratet seit 1983, zwei Kinder
1983 bis 2009 - Lehrertätigkeit an verschiedenen Mittelschulen und am Gymnasium (Mathematik / Physik / Informatik)
2009 - im Urlaub Fahrradunfall, infolgedessen Schlaganfall nach einem Aderriss im Nacken (Buch »Plötzlich ist alles anders« unter dem Pseudonym Katrin Schwarz)
danach Erwerbsunfähigkeit
seit 2012 - Nachhilfetätigkeit als Lehrerin in Mathematik sowie schriftstellerische Aktivitäten
(Kurzgeschichten »Was wäre, wenn ...«)

Vorwort

Xavier Naidoo in einem seiner Songs: »Dieser Weg wird kein leichter sein, dieser Weg wird steinig und schwer.«
Fünfzehn Menschen erzählen im Folgenden ihre Geschichte, ihren Weg, der in Krankenwagen, Intensivstation, Krankenzimmer oder Reha begann. Ihr Leben hat sich von einer Sekunde auf die andere verändert. Für die Betroffenen und ihre Angehörigen standen urplötzlich solche Fragen im Raum:
Wie soll es nun weitergehen? Was jetzt?!
Das Schlimmste für sie war das Nichts-Tun, das tatenlose Herumsitzen. In jedem dieser Schicksale wird deutlich, mit welchen Hindernissen der einzelne zu kämpfen hat und woher er die Motivation nimmt im Ringen um jeden auch noch so kleinen Fortschritt gegen die Krankheit. Hier berichten »Fachleute in eigener Sache«, was einem Menschen durch den Kopf geht, wenn ihm solch ein Schicksal widerfährt, was da lauten könnte: »Schlaganfall« oder auch anders schlimm.
Was wird dagegen unternommen? Welche Probleme tun sich plötzlich und unerwartet auf? Welche teils ungewöhnliche Wege werden gewählt?
Das Ergebnis sind bewegende Geschichten, oft auch zum Kopfschütteln.
Ich halte es für sehr wichtig, dass Betroffene selbst über ihre schwierige Lebenslage berichten und damit anderen Mut machen, weiter an sich zu glauben und nach vorn zu schauen. Sie leisten damit einen Beitrag, die Gesellschaft für diese Problematik stärker zu sensibilisieren.
Die wichtigste Erkenntnis ist, nicht zu resignieren. Ein Leben kann auch mit einer Behinderung schön und erfüllt sein. Es gibt immer einen Weg, und mag er auch noch so steinig und schwer sein. Und dabei findet jeder, der es will, neue Freunde und Unterstützer.

Ich verstehe das vorliegende Buch auch als Aufforderung, gegen Vorurteile in den Köpfen mancher Menschen anzugehen. Es sind die vielfältigen Umstände und Hindernisse, die Menschen mit Behinderungen erst zu Behinderten machen.
Wir alle sind dafür verantwortlich, dass jeder Mensch mit seinen Stärken und seiner Einmaligkeit glücklich leben kann.

Anneliese Ring
(bis April 2015 zweite Beigeordnete im Vogtlandkreis und Behindertenbeauftragte)

Dieter N.
geb. 1949, Kraftfahrer
verheiratet, ein Kind

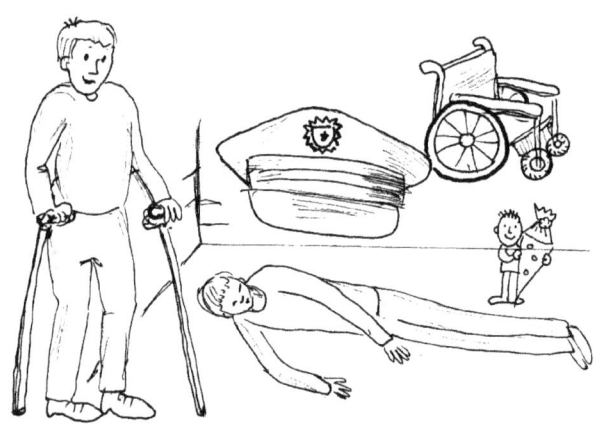

»Ich habe mir folgendes Ziel gesetzt:
Zum Schulanfang meines Enkels
im Jahre 2019 brauche ich
keinen Rollstuhl mehr!«

Ich war seit einigen Jahren als Kraftfahrer in einer Reinigungsfirma angestellt und fuhr so jeden Tag etliche Kilometer. Mit meiner Frau bin ich seit gut drei Jahrzehnten glücklich verheiratet. Unsere erwachsene Tochter ist Ergotherapeutin und wohnt hier im Ort.
Schon vor Jahren ging ich einmal zum Arzt, um mich untersuchen zu lassen, denn ich hatte beim Autofahren festgestellt, dass mir der linke Arm öfters vom Lenkrad abrutschte. Danach äußerte der Doktor die Vermutung, dass sich die eine Schulter versteifen könnte.
Aus heutiger Sicht betrachte ich das als eine Art Vorboten des Schlaganfalls.

***

Im Dezember 2009 feierten wir im Familienkreis meinen sechzigsten Geburtstag. Das Fest war sehr schön, und danach beschloss ich, im Wohnzimmer auf dem Sofa zu schlafen, da ich wusste, dass ich nach ein paar Bier meistens schnarche. Am folgenden Morgen fand mich meine Frau auf dem Boden liegend vor der Couch. Sie wollte mir helfen aufzustehen. Ich spürte jedoch die linke Körperhälfte überhaupt nicht mehr, konnte auf dieser Seite den Arm nicht heben und lallte nur, wie man es von Besoffenen kennt.
In keiner Weise begriff ich, was passiert war, und signalisierte: »Ruf bei den Kindern an, der Schwiegersohn soll mir hoch helfen!« Denn es wurde deutlich, dass es meine Frau nicht schaffen würde, mich auf die Beine zu stellen.
Ihr kam das alles aber sowieso recht eigenartig vor. Zum Beispiel wunderte sie sich, dass ich so ein komisch verzerrtes Gesicht hatte. Sie erkannte, dass hier irgendetwas anders war als sonst und rief kurzerhand den Notarzt. Innerhalb von fünf Minuten stand der Rettungswagen vor unserer Tür.

Dann die Ernüchterung: Schlaganfall! Also ab ins Krankenhaus - und gleich auf die Intensivstation. Und so brachte ich rund zwei Wochen dort zu.

Im Verlauf dieses Aufenthaltes musste ich einige elementare Dinge wieder neu lernen. Zum Beispiel Essen und Trinken; ich erhielt die Speisen anfangs alle püriert, wie bei einem Baby.

Beim Bewegen stellte ich fest, dass sich meine beiden Körperhälften vollkommen verschieden verhielten. Während ich rechts keine großartige Veränderung feststellte, war die linke Seite gelähmt und das Laufen so gut wie unmöglich. Folglich landete ich im Rollstuhl.

Auch das Sprechen musste ich zunächst üben, bevor es dann wieder leidlich gut funktionierte. In so einer Situation weiß man erst einmal zu schätzen, wenn das Gedächtnis relativ normal mitspielt und dass man hören und sehen kann - oh welch ein Wunder!

***

Es ging dann alles zack-zack, als ich auf Normalstation kam. Meine Frau besuchte mich täglich im Krankenhaus und erledigte nebenbei noch eine Reihe Behördengänge, die notwendig wurden.

So hatte sich nicht nur das eigene Leben über Nacht geändert, sondern auch das meiner Ehegattin.

Nach dem Krankenhausaufenthalt bekam ich sofort einen Reha-Platz. Dort machten sie jedoch leider viel zuwenig mit mir, fand ich. Zum Beispiel nur zwei Behandlungen am Tag - was sollte denn das? Was war überhaupt der Zweck des Aufenthaltes in dieser Reha-Klinik?!

Bei den Therapien wurde unter anderem das Laufen geübt. Und ich lernte, wieder normale Kost zu mir zu nehmen. Als rund ein Monat Reha vergangen war, konnte ich den Krankentransport besteigen, und es ging endlich zurück nach Hause.

Meine Frau hatte inzwischen für mich Rente und Schwerbehindertenausweis beantragt sowie Therapien vereinbart.
Außerdem mussten unsere »vier Wände« rollstuhlgerecht umgebaut werden, da zum Beispiel sämtliche Türschwellen störten. Der Vermieter übernahm freundlicherweise diese bauliche Veränderung, wofür wir ihm äußerst dankbar sind. Während er an den Wochenenden an der Wohnung baute, konnte mich meine Frau in der Reha besuchen.

***

Und wie ging es sonst zu Hause weiter?
Ich musste vor allem die neue Situation akzeptieren. An vielen Stellen machte sich anfangs Hilfe erforderlich. Das war ohne Zweifel von allen Seiten nett und gut gemeint. Ich fand es jedoch einfach nur furchtbar!! Beim Anziehen, Ausziehen, Rasieren, Toilettengang …
Ich war richtiggehend gefesselt an unser Zuhause. Nur an den freien Tagen meiner Frau konnte ich die Wohnung verlassen, wenn sie mich begleitete.
Aufgrund der Lähmung der linken Seite wurde das allerdings eine Aktion mit extremem Aufwand: Treppensteiger und Bretter mussten angelegt werden, damit ich aus der Wohnung und dann aus dem Haus gelangte. Unterm Strich dauerte es immer eine gute halbe Stunde, bis ich endlich im Freien angelangt war.
Heute brauchen wir keinen Treppensteiger mehr. Dank meiner Physiotherapeutin kann ich die Treppen herunter rückwärts bewältigen und mit der Krücke das Gebäude verlassen. Natürlich alles in Begleitung anderer Personen. Die Therapeuten haben mir das Laufen wieder gelernt unter Beachtung einer ordentlichen Haltung (Stichwort: aufrechter Gang!). Darauf achtete in der Reha übrigens keiner, war mein Eindruck …
Als eine wichtige Errungenschaft sehe ich an, dass ich mittlerweile selber die Treppen hinauf- und heruntersteigen kann.

Gegenwärtig ist meine Woche komplett ausgelastet: zweimal Ergotherapie, zweimal Physiotherapie, ein- oder zweimal Lymphdrainage. Ich kämpfe jeden Tag weiter, und auch nach fast fünf Jahren treten immer erneut Verbesserungen ein, mögen diese noch so klein sein!

Ich kann mich beispielsweise inzwischen selbst umsetzen: vom Rollstuhl auf das Sofa oder aufs Bett (und umgekehrt). Und die Toilette gehört schon lange wieder mir allein ...

Wenn ich an den Anfang zurückdenke: Wie freut man sich beispielsweise, wenn viele Monate vergangen sind und die Finger plötzlich erneut Reflexe zeigen!

Es gab aber auch Rückschläge. So hatte ich nach einem Jahr eine Durchblutungsstörung im linken Fuß. Dieser sah dadurch ganz blau aus. Also musste ich ins Krankenhaus. Behandlung: Injektion in die Wirbelsäule. Das half eine gewisse Zeit. Dann das gleiche Spiel: Erneut eine Spritze ins Rückgrat ... Unterm Strich konnte ich das leider nicht als Erfolg bezeichnen. Seit über einem Jahr bekomme ich deswegen zweimal pro Woche eine Lymphdrainage. Das half endlich und es geht mir besser.

Ich habe wunderbare Therapeuten - es ist doch schön, wenn das funktioniert! Bei der Physiotherapie muss ich meistens Treppen steigen, und wir begeben uns nach Möglichkeit raus in die Natur. Der Arzt kommt regelmäßig zum Hausbesuch, und mitunter sagt er: »Herr N., ich freue mich jedes Mal, zu Ihnen zu kommen. Wissen Sie warum? Weil man da wenigstens Fortschritte bemerkt! Deswegen setzen wir Ihre Therapien auch unbedingt fort!«

Somit kann ich voll zufrieden sein. Und das zeigt: Man muss weitermachen, denn es geht immer wieder vorwärts, wenn das im übrigen erst keiner glaubt.

Mitunter heißt es ja so schön: Nach einem Jahr ist der Schlaganfall austherapiert. Nach einem Jahr - das stimmt überhaupt

nicht! Bei mir ist dieses Ereignis inzwischen fünf Jahre her, und es gibt noch genug Baustellen und immer wieder Fortschritte.
Ein kleines Damoklesschwert schwebt da schon im Hintergrund, und das heißt: »Könnte es etwa noch einmal passieren?!«
Manche Ärzte äußern, das könne man in den Folgejahren nicht ausschließen ... (Alles andere als eine schöne Überlegung! In meinem Hinterkopf tönt es dann ganz leise: ›Wenn es ein leichter Schlaganfall wäre, das mag ja gerade noch angehen, aber sonst ... Hilfe!!‹)
Der Doktor sagt, mit dem Arm und dem Bein auf der linken Seite, das wird auf keinen Fall hundertprozentig wieder gut. Doch mit so einem Gedanken kann ich leben.

***

Was den Beruf anbetrifft: Dass dessen Ausübung nicht mehr möglich ist, damit muss ich mich abfinden.
Zu Beginn ärgerte mich dieser Zustand schon: Die Frau ging arbeiten, und ich saß unterdessen zu Hause. Jetzt ist es so: Vom Morgen bis zum zeitigen Nachmittag bin ich allein daheim, sitze jedoch keinesfalls nur in der Gegend herum. Mit der Zeit machte ich mir immer öfter selber das Kaffeetrinken zurecht - zur großen Freude meiner Frau.
Am Vormittag kommen die Therapeuten zu mir oder ich mache etwas am Computer. Oder ich treffe mich mit der Hobbygruppe des Selbsthilfevereins zu Laubsägearbeiten oder zum Stammtisch. Die Leitung dieser Hobbygruppe habe ich übrigens inzwischen selbst übernommen.
Überhaupt war der Beitritt in den Selbsthilfeverein ein guter Schritt. Auf diesem Weg lernte ich Leute mit gleichem oder ähnlichem Schicksal kennen. Es gibt die unterschiedlichsten Unternehmungen: Treffen zu verschiedenen Themen, Ausflüge, einmal jährlich auch eine mehrtägige Urlaubsfahrt. Schön, dass so etwas möglich ist.

Also, im Grunde bin ich immer sinnvoll beschäftigt.
Ja, und wenn ich zu Hause nicht mitziehe, bekomme ich von meiner Frau in den ... getreten ...
Nächstes Jahr will ich auch versuchen, in unserem Garten wieder selbst Rasen zu mähen. Es ist insofern günstig, dass ich mich am Rasenmäher festhalten kann. - Die eigene Parzelle aufzugeben - das soll nicht sein!

***

Seit mehreren Jahren kämpfe ich schon an dieser neuen Front, in meinen Augen mit großem Erfolg. Für gesunde Menschen ist manches vermutlich in keiner Weise nachvollziehbar. Insbesondere, wie man sich über scheinbare Kleinigkeiten so freuen kann.
Überhaupt steht die gesamte Familie (Frau, Tochter, Schwiegersohn) hinter mir und motiviert mich. Dank ihrer tatkräftigen Unterstützung schaffte ich es, wieder positiv ins Leben zu schauen.
Es gibt immer neue Anlässe, beim Kämpfen nicht nachzulassen: Da wurde vor zwei Jahren unsere Enkeltochter geboren, und dann folgte die Geburt eines Enkelsohnes einige Monate später. Der findet übrigens meinen Rollstuhl ganz toll und muss ihn ständig untersuchen. Er nennt ihn »Skoda« und schiebt mich damit.
Es kommen immer wieder kleine Fortschritte, und dafür lohnt sich der tägliche Kampf. Ja, und weil der Mensch sich Ziele stellen sollte, lautet eine wichtige Aufgabe für mich:
»Zum Schulanfang meines Enkels im Jahre 2019 brauche ich keinen Rollstuhl mehr!«

Sandra B.
geb. 1981, Industriekauffrau
alleinstehend, keine Kinder

Ich dachte: »Du beendest jetzt
ganz normal dein Studium,
schreibst deine Bachelorarbeit
und fängst im September an mit Arbeiten.«

Es handelte sich zunächst um einen ganz normalen Entwicklungsgang, wie er bei anderen ähnlich aussehen könnte: Ich absolvierte an einem Gymnasium das Abitur, und anschließend folgte eine dreijährige Ausbildung zur Industriekauffrau.

Danach war ich kurz arbeitslos, weil ich nicht von meiner Firma übernommen wurde. Es ergab sich jedoch plötzlich die Gelegenheit, dass ich im Jahr 2002 für eine Wintersaison in der Schweiz auf einer Berghütte im Service arbeiten konnte. Dort gefiel es mir so gut, dass ich begann, mich in dieses Land zu verlieben. Ich stellte mir vor, in der Schweiz zu leben, dort tätig zu sein und Karriere zu machen. Aufgrund meines Berufes als Industriekauffrau wollte ich gern einmal in die Wirtschaft gehen.

2003 kehrte ich nach Deutschland zurück und fing in Chemnitz an, »Europäische Wirtschaft« zu studieren. Dabei hatte ich immer das Ziel vor Augen: Später einmal werde ich in der Schweiz wohnen; ich verdiene viel Kohle, lebe gut und gucke mir die Welt an.

Danach folgte 2005 ein Auslandssemester - natürlich in der Schweiz! Dort lernte ich durch meine dortigen Studienfreunde perfekt Englisch sprechen und beschäftigte mich zusätzlich mit der spanischen und der französischen Sprache.

2007 wurde ich von der Firma, bei der ich die Ausbildung zur Industriekauffrau absolviert hatte, angerufen, dass ich nach meinem Studium dort im Export tätig sein könne (was ich schon immer machen wollte). Es wurde deswegen auch ein Vorstellungsgespräch vereinbart.

Leider begannen nun ein paar Dinge, mit denen ich nie gerechnet hatte ...

***

Es gab erste Anzeichen, welche ich lange nicht einordnen konnte: Ich bemerkte, dass sich der linke Arm immer wie eingeschlafen anfühlte. Nennen wir es Sensibilitätsstörungen. Das war im

März des Jahres 2007. Mutter vermutete zu dieser Zeit Zugluft als Ursache.
Als es aber auch nach über einer Woche kaum besser werden wollte, beschloss ich, meinen Hausarzt aufzusuchen. Der nahm mir Blut ab, untersuchte es und stellte fest, dass doch im Grunde alles in Ordnung wäre. Er konnte sich das überhaupt nicht erklären. Ihm fiel dann noch ein, dass er im Studium einmal etwas von einer ganz seltenen Rückenmarkserkrankung gehört hatte. Er überwies mich zu einem Neurologen mit der Diagnose: Verdacht auf eben diese Erkrankung.
Daraufhin bekam ich innerhalb kürzester Zeit einen Termin bei einem Facharzt. Zufällig handelte es sich ausgerechnet um den Tag, an dem das Vorstellungsgespräch für den neuen Job stattfinden sollte. Selbiges hatte ich am Vormittag, und es verlief einfach nur gut. Denn danach sagten sie mir den Job zu. Auf Anfang September des Jahres wurde mein erster Arbeitstag festgelegt.
Nach diesem äußerst positiven Gespräch begab ich mich vereinbarungsgemäß zum Neurologen. Er machte mit mir verschiedene Tests. Im Ergebnis stellte er fest, dass mit mir etwas nicht in Ordnung sei, ohne mir jedoch sagen zu können, was es genau wäre. Um noch Konkreteres herauszubekommen, versorgte er mir umgehend einen MRT-Termin im Krankenhaus.
Das alles geschah an einem Mittwoch, und am Freitag führten sie die Magnetresonanztomographie durch. Nach dieser Untersuchung »durfte« ich gleich dort bleiben.
Der hiesige Neurologe äußerte den Verdacht auf multiple Sklerose, also keine besonders schöne Diagnose. Da gäbe es etwas auf dem MRT-Bild, was sich ein Neurochirurg unbedingt ansehen sollte. Das würde er am folgenden Montag tun, und ich müsse deswegen übers Wochenende im Krankenhaus bleiben.
Ich fragte noch einmal nach - und bekam die eiskalte Antwort: »Da existiert ein Tumor in deinem Kopf und der hat unterdessen schon gestreut.« Punkt.

Es wirkte verständlicherweise auf mich wie ein Schock - ich war förmlich am Boden zerstört und in keiner Weise aufnahmefähig für weitere Mitteilungen.
Zum Glück kamen meine Freunde zu Besuch. Sie fragten, was denn mit mir los sei, und ich erzählte es ihnen. Natürlich flossen einige Tränen. Den Eltern erging es ähnlich, auch sie weinten. Sie wollten daraufhin gleich mit der diensthabenden Ärztin sprechen, die sich jedoch verleugnen ließ.
Ich selbst verinnerlichte das alles zunächst in keiner Weise, befand mich wie in einer Blase. Da schrieb ich doch gerade an der Bachelorarbeit, und mir erschien, was hier vorging und was ich da zu hören bekam, einfach nur unwirklich. Das betraf nicht meine Person, sondern jemand anderen - so musste es sein!
Ich dachte: ›Du beendest jetzt ganz normal das Studium, schreibst deine Bachelorarbeit und fängst im September an zu arbeiten. Was denn sonst!?‹
ich habe keine Zeit für so was.
Nun hieß es, erst einmal abzuwarten. Am folgenden Montag hatte ich dann das Auswertungsgespräch. Es bestand Einigkeit darüber, dass es sich um eine Gefäßsache drehte, die sie hier im Krankenhaus nicht behandeln könnten. Deswegen überwiesen sie mich in eine andere Klinik.
Bis ich dort die notwendigen Termine bekam, dauerte es insgesamt über eine Woche. Mir ging es in dieser Zeit kaum schlechter. Ständig gab es allerdings so ein eigenartiges Gefühl auf der gesamten linken Seite, eben eine Tatsache. Ich nahm schon wahr, dass in meinem Kopf irgendetwas nicht stimmte, aber ich ignorierte das, weil es keine weiteren Einschränkungen gab.
Dann kam eine Untersuchung nach der anderen: MRT, CT, Angiographie. Letzteres ist so ziemlich das Schlimmste, was es da so gibt.
Ich muss auch sagen: Ständig wurde ich von meinen Eltern begleitet; und dadurch unterstützten sie mich moralisch sehr. Das

half mir unheimlich. Sie blieben während dieser ganzen Zeit in einem Hotel im Ort; ich spürte immer ihre Nähe.
Bei der Behandlung kam ich glücklicherweise an den Chefarzt. Der fand heraus, dass es sich um eine Gefäßmissbildung handelte, ein so genanntes Kavernom. Das ist etwas Ähnliches wie ein Aneurysma. Das eine ist eher verschlungen, und das Kavernom muss man sich wie eine Blase vorstellen. Selbiges kann ausbluten - genau das trat eben bei mir ein. Es befand sich, um das noch »spannender« zu machen, im Hirnstamm. Ein Ort, wo so etwas als inoperabel zu betrachten ist.
›Wo kommt denn das her?‹ Diese Frage stellte sich mir selbstverständlich.
Eine Antwort lautete, dass so etwas angeboren sein könne. Und ich las nach: Bei wem ein Kavernom auftritt, der neigt dazu, mehrere zu haben.
Der Mediziner sagte meinen Eltern, dass ich daran vorzeitig sterben könne, aber dass zumindest Bettlägerigkeit zu erwarten sei.
Die Ärzte berieten sich, mit dem Ergebnis, dass niemand mich operieren wollte. Der Chefarzt äußerte schließlich: »Ich versuche es, weil ich sonst keine Chance zum Überleben für dich sehe.« Er plante, bei dieser OP von hinten in den Kopf hineinzugelangen und meinte: »Sollte es so unmöglich sein, dann probiere ich es noch einmal von einer neuen Stelle aus.«
Die Eltern sagten mir später, dass er sich ihnen gegenüber so äußerte: »Es gäbe schlicht und einfach keinen sonstigen Weg - das ist leider so.« Mit den anderen Worten an meine Adresse wollte er mir die Hoffnung nicht nehmen. Und das fand ich im Nachhinein richtig gut.
Es klappte alles - zum Glück! Ja, und wie lief das nun ab?
An einem Freitag sollte meine OP sein. Aber nein - es kam ein Notfall dazwischen, ein kleines Kind, welches an diesem Tag operiert wurde. Ich musste mich bis zum folgenden Montag gedul-

den ... Am Wochenende durfte ich erfreulicherweise heim, mit der Bedingung, am Sonntagabend wiederzukommen.
Ich begriff immer noch in keiner Weise, was das im weiteren für Folgen für mich haben könnte. Ich hatte im Kopf, das Studium zu beenden, in der bestehenden Situation völlig verständlich.
Aber am Sonntagnachmittag wurde mir auf einmal ganz anders zumute, konkret beim Verabschieden von meinen vielen Freunden. Das kam mir echt ein bisschen vor wie: Werden wir uns überhaupt je wieder sehen??
Am Sonntagabend gegen neunzehn Uhr wurde ich ins Krankenhaus gebracht.
Als ich mich am Montag früh im Vorbereitungsraum für die OP beim Anästhesisten befand, konnte ich wie durch ein Bullauge in den OP-Raum schauen. Dort operierten sie gerade jemanden an der Bandscheibe.
Auf einmal war da nur noch der Blick auf diese Operation, und mir kamen die Tränen. Der Narkosearzt versuchte mich zu beruhigen. Dann bekam ich die Betäubungsspritze und schlief ein.
Die OP begann etwa morgens neun Uhr. Als ich auf der Intensivstation wieder erwachte, war es nach achtzehn Uhr. So lange hatte die Operation gedauert.
Meine Mutter rief ab dem frühen Nachmittag halbstündlich auf der Intensivstation an und erkundigte sich danach, wie es mir ging. Am Abend telefonierte der Chefarzt höchstpersönlich mit den Eltern und sagte ihnen, dass alles gut gegangen sei. Er klang am Telefon vollkommen aufgelöst und weinte ebenfalls.
Gegen zweiundzwanzig Uhr durfte ich schon selbst mit meiner Mutter telefonieren. Aber eine so richtige Erinnerung daran kommt mir nicht mehr. Außerdem konnte ich nur ganz langsam und schlecht sprechen. Ich sagte wohl so etwas wie: »Hallo, Mama!« oder in dieser Art.
Am folgenden Morgen erwachte ich auf der Intensivstation und sagte zu den Schwestern: »Ich will jetzt hier weg! Lasst mich

endlich heim!« Und das meinte ich im vollen Ernst. Ich war wach, und meine Orientierung kam mir intakt vor. Also erschien es mir nur logisch, dass ich bald nach Hause könnte.

Doch so einfach ging das natürlich nicht, denn ich verblieb auf der Intensivstation.

Insgesamt war ich dann nicht einmal vierundzwanzig Stunden auf der Intensivstation, ehe ich auf ein normales Krankenzimmer verlegt wurde.

Die Zeit lief indessen irgendwie weiter. Ich schlief viel und alles rauschte an mir vorbei.

Es kam eines Morgens ein Pfleger ungefähr in meinem Alter (damals sechsundzwanzig Jahre). Er meinte: »Ich will dich jetzt waschen.« Da antwortete ich: »Niemals!« - Er erwiderte: »Los, ich sehe jeden Tag so was!« - Ich ließ mich schließlich überreden, aber unten herum - nein!

Was wurde aus den Irritationen, die es bei mir vor der Operation gegeben hatte? Davon merkte ich nichts mehr. Leise Zweifel blieben zurück, denn man horcht ja trotzdem immer wieder in sich hinein ...

Dann stellte ich auch die ersten Sachen fest, die mit mir passiert waren. Zum Beispiel beim Sprechen. Die Operation hatte im Sitzen stattgefunden und einige Stunden gedauert. Infolgedessen wurden die Lungenflügel gestaucht. Ich konnte jedenfalls erst einmal nur wenige Worte von mir geben. Das kam erst im Laufe der nächsten Tage allmählich wieder. Morgens klang das Sprechen zunächst relativ normal. Jedoch später war die Luft weg, und dadurch ging es immer schlechter beziehungsweise überhaupt nicht mehr mit dem Reden.

Meine Eltern ließen sich erst einen Tag nach der Operation blicken, weil sie es an diesem schlimmen Termin des Eingriffs keinesfalls im Krankenhaus ausgehalten hätten. Sie stellten während des Besuches einige Dinge fest, für die sie anfangs keine Erklärung fanden.

Zum Beispiel lag rechts neben mir auf dem Nachttisch das Handy. Ich sagte zu Mama: »Gib mir doch bitte mal das Handy - wo ist es denn überhaupt?« - obwohl es praktisch vor meiner Nase lag! Aber auf der einen Körperseite war bei mir einiges nicht intakt, und das ergab den Grund für die Nichtwahrnehmung.
Ich hatte täglich Physiotherapie. Nach drei Tagen durfte ich wieder aufstehen, natürlich nur, wenn ich mich gut festhielt. Da war nichts mit richtig laufen, so wie gewohnt.
Außerdem fiel mir ständig alles herunter. Das besserte sich erst Wochen später.
Nach dem Eingriff dauerte es zehn Tage, bis ich aus dem Krankenhaus entlassen werden konnte. Normalerweise ist es dann so, dass du danach gleich zur Reha geschickt wirst. Der Professor riet aber davon ab und empfahl mir, erst einmal selbst wieder allmählich auf die Beine zu kommen und mich an die neuen Gegebenheiten zu gewöhnen. Besser, die Eltern könnten die Betreuung übernehmen bei sich zuhause. Danach wäre es mit der Reha günstiger.
Also zog ich bei ihnen ein, obwohl ich ja in Chemnitz zum Studium ein Zimmer im Internat hatte.
Ich beherrschte nach der Operation kaum etwas wie vorher, zum Beispiel Zähneputzen oder Kämmen, allein essen und selbständig laufen. Mich eigenständig anziehen war mir auch unmöglich.
Meine Mutter ließ sich von der Arbeit freistellen, um mir besser helfen zu können.
Und wie war das übrigens mit dem Krankengeld? Das bekam ich nicht wegen der Studentenversicherung, die monatlich fünfundachtzig Euro kostete, jedoch kein Krankengeld beinhaltete. Wer denkt denn schon, dass man als junger Mensch eine längere Krankheit bekommt!?
Meine Reha nach der Operation wurde leider auch abgelehnt, mit der Begründung, ich wäre ja wieder zu Hause und mir würde

es bestimmt bald besser gehen - nachdem es eine Hirnstammoperation gegeben hatte!
Jeden Morgen gegen neun Uhr rief Mama bei der zuständigen Stelle der Krankenkasse an und stritt sich teilweise lautstark am Telefon mit den Mitarbeitern herum.
Jedoch vergeblich - sie lehnten ab.
Wir wussten allmählich nicht mehr, was wir machen sollten. Da telefonierte Mama mit dem Professor in der Klinik und fragte ihn um Rat.
Und siehe da! - Nach zwei Tagen hatte ich einen Rehaplatz in Bayern für fünf Wochen, ungefähr bis Mitte August. In dieser Zeit brachten sie mich dort buchstäblich wieder richtig auf die Beine.

***

Inzwischen ging das Leben weiter. Am 1. September begann laut Vorstellungsgespräch mein neuer Job. Und die Bachelorarbeit hatte ich auch noch nicht geschrieben.
Natürlich rieten mir alle Ärzte davon ab, wieder arbeiten zu gehen. Das kann man im Grunde niemandem erzählen! Dennoch gab es knallharte Tatsachen.
Zum Beispiel diesen ärgerlichen Widerspruch: Den Job hatte ich sicher, jedoch in der jetzigen gesundheitlichen Lage durfte ich ihn gar nicht antreten!
Im Betrieb kannten sie mich und verfolgten ständig die Krankengeschichte. Deswegen erfolgte meine Einstellung zunächst auf Fünfzehn-Stunden-Basis. Sie sagten mir, dass ich dort Zeit bekäme, um an der Bachelor-Arbeit zu schreiben. Sie könnten mir einen Computer zur Verfügung stellen und ein Telefon und was ich sonst noch brauchte. Nebenbei gäbe es Einarbeitungszeit.
So verfuhr ich auch. Der Geschäftsführer schaltete sich sogar selbst mit ein. Sein Sohn hatte übrigens ebenfalls eine Behinderung und deswegen brachte er anscheinend für meine Lage be-

sonderes Verständnis auf. Er half mir beträchtlich, und ich konnte auf diesem Wege Tippel-Tappel-Tour die Bachelorarbeit fertig stellen. Bei dem Professor in Chemnitz, der mich betreute, beantragte ich eine Verlängerung, welche ich auch erhielt.

So vervollständigte ich bis zum Ende des Jahres die Bachelorarbeit. Im Dezember hatte ich meine Abschlussprüfung, die ich erfreulicherweise mit 2,7 abschloss.

Ab dem 1. Januar bekam ich eine Stelle in der Firma. Im Nachhinein sehe ich das als eine ganz schlimme Zeit, denn es kam natürlich heraus, dass ich überhaupt nicht in der Lage war, die notwendigen Anforderungen zu erfüllen. Zum Beispiel, täglich acht Stunden zu arbeiten.

Doch es handelte sich ja um einen Traumjob für mich, und ich wollte dann wieder in die Schweiz, dort tätig sein und ein cooles Leben haben und die Welt angucken ...!

Die Chance erschien super, beinhaltete jedoch in hohem Maße gesundheitliche Risiken, wenn ich das hinterher so betrachte.

Mir fehlte zum Beispiel die Kraft, zu den Therapien zu gehen, die logischerweise nach der Arbeit hinzukamen. Es wurde einfach zu viel. Andererseits wären diese ganz wichtig für mich gewesen!

Jobs in der Wirtschaft erfordern mehr als acht Stunden Arbeitszeit pro Tag; da gibt es keine Obergrenze. Das bedeutete zwangsläufig Überstunden. Natürlich nahmen sie anfangs Rücksicht, aber niemals wäre das bis in alle Ewigkeit so gegangen, und sei es mit bestem Willen.

Ich hatte einen Einjahresvertrag, und ungefähr im September gab es ein großes Gespräch wegen der leidigen Problematik. Im Ergebnis meinten sie, sie könnten den Vertrag nicht verlängern ob meiner geringen Belastbarkeit. Diese wäre jedoch in dem Job notwendig. Da brach für mich eine Welt zusammen.

Ich verkraftete eine solche Tatsache in keiner Weise, ging deswegen zum Arzt und bekam umgehend eine Krankschreibung, insgesamt für ein halbes Jahr.

Danach folgten zwölf Wochen Reha: sechs Wochen medizinische und anschließend eine medizinisch-berufliche Reha. Es gab ein Übungsbüro, wo sie die Fähigkeiten, die ich derzeit besaß, testen wollten.
Ergebnis: Mehr als zwei Stunden pro Tag könnte ich nicht arbeiten. Daraufhin beantragte ich Rente, und die wurde bereits beim ersten Mal bewilligt. Das ging anfangs über drei Jahre, dann folgte wieder ein Jahr, dann noch ein Jahr und anschließend drei Jahre bis 2016.
Die Tatsache »Rente« besitzt in meinem Alter einen eigenartigen Beigeschmack, beinhaltet jedoch andererseits eine gewisse Sicherheit.
Als ich beim ersten Mal so einen Antrag stellte, betrachteten sie die Unterlagen und meinten anschließend, da existiere überhaupt kein Rentenanspruch, weil es bei mir ja nie ein richtiges Arbeitsverhältnis gegeben hätte - der nächste Tiefschlag für mich. Tauchte doch damit die Frage auf: Wovon soll ich eigentlich leben?
Du kannst ja nicht mit einem Halbtagsjob eine Existenz finanzieren, das ist unmöglich! Also was jetzt?! In der Rentenstelle bekam ich einfach den folgenden Rat: »Na, Sie können aber Sozialhilfe beantragen!«
Ich schickte dann diesen Antrag trotzdem weg. Und es kam so: Weil ich schon einmal in der Schweiz tätig gewesen war, wurde der Rentenantrag von der Stelle in Baden-Württemberg bearbeitet. Mit allen Beschäftigungszeiten (meine Ausbildung, die Zeit in der Schweiz, das Jahr, in dem ich voll gearbeitet hatte, der Job neben dem Studium her), kamen fünf Jahre Arbeitszeit heraus, und das ist genau die Mindestzeit für eine Rentenanwartschaft. Alles in allem handelte es sich um eine knappe Sache - wesentlich war jedoch das positive Ergebnis!

***

Meine tatsächlichen Einschränkungen kamen also erst nach der Operation zu Tage. Aber so etwas ist in so einem Fall nie vorher absehbar.
Die Äußerungen, die ich so zu hören bekommen hatte, klangen ja alle nicht sonderlich verlockend:
»... Rollstuhl ... querschnittsgelähmt ... anders wird das kaum«.
Logischerweise musste ich jährlich zur Kontrolle in die thüringische Klinik.
2011 wurde bei einer solchen Untersuchung festgestellt, dass an derselben Stelle wieder etwas zu sehen wäre. Ein zwar kleines Kavernom, jedoch wegen der minimalen Ausmaße könne man das nur weiter beobachten.
Ich verspürte ja keine so schlimmen Einschränkungen, dass da dringender Handlungsbedarf aufkäme. Diese Vorstellung, wiederholt operiert zu werden - die ist mir einfach zu grauenhaft!! Weil ich ja weiß, was da geschehen kann ...

***

Und dann gab es da früher noch eine Beziehung zu einem Mann - das ist im Grunde eine krasse Sache. Die lief über ein paar Monate, und wir hatten uns 2007, als das alles passierte, im Winter voneinander getrennt. Wir schauten uns hinterher erst einmal nicht mehr an; gelaufen war da - null!
Er erfuhr zufällig durch eine Freundin, wie es mir ergangen war. Drei Tage danach kam er ganz spontan zu Besuch. In der Folgezeit telefonierten wir oft miteinander, und seine Mutter war ebenfalls besorgt und fragte oft nach meinem Befinden.
Gerade als ich die ersten Wochen wieder daheim war, holte er mich häufig ab und nahm mich mit zu sich. Seine Eltern hatten ein großes Haus mit Grundstück, wo er gleichfalls wohnte. Dort grillten wir zum Beispiel oder er kam zu mir zu Besuch, wenn ich bei Vater und Mutter im Garten war. Wir gingen auch öfters spazieren. Falls es bei mir mit dem Laufen nicht so richtig klappen

wollte, kam von ihm: »Du bist doch keine alte Frau, na los doch!« Und so eine Bemerkung stellte einen großen Antrieb dar, mich beim Laufen anzustrengen.
Es entstand eine tiefe Verbundenheit. Ich bin ihm und seiner Mutter echt ein Leben lang dankbar für die Hilfe. Er besuchte mich übrigens auch mehrmals in der Reha.
Ich weiß, dass ich ihn immer anrufen darf, wenn ich Sorgen verspüre. Bei ihm kann ich auf wirkliche Unterstützung hoffen.

***

Wie war und ist das mit Freunden überhaupt?
Da muss ich ein bisschen was erklären. Während des Studiums arbeitete ich zusätzlich: zum Beispiel in einer Bar oder bei einem Griechen oder in einer Disco. Praktisch sah das so aus: Da gab es auf der einen Seite das Studium - im Grunde nebenbei, und außerdem war ich in verschiedenen Jobs tätig. An den Abenden der Wochenenden war ich häufig unterwegs, feierte oft Party und hatte einen großen Freundeskreis. In dieser Hinsicht nahm ich vieles mit. Alles erschien cool, und wir unternahmen einiges.
Dann wurde ich krank. Nach der Operation waren meine Freunde noch da, unterstützten mich, holten mich mal ab oder halfen mir sonst in irgendeiner Weise. Die ganze Tragweite der Krankheit erkannten sie jedoch kaum, wie denn auch?
Als das normale Leben erneut begann, fehlte es mir an Kraft und Ausdauer im Vergleich zu vorher. Mit den vielen gemeinsamen Unternehmungen war jetzt Schluss. Das konnten sie nicht begreifen und äußerten: »Was ist denn noch mit dir? Du kannst doch wieder laufen!«
Daran machten sie meinen Zustand immer fest.
Resultierende Erfahrung, die ich daraus ableite: Es wird häufig zu sehr nach Äußerlichkeiten geurteilt.
Ich musste öfter etwas absagen, weil ich so viele Unternehmungen einfach nicht verkraftete, und das verstanden sie ganz

schlecht. Sie wurden mitunter wütend und ungerecht, und es kamen einige hässlichen Bemerkungen. Wir haben uns auseinander gelebt.

Außerdem befanden sich die meisten meiner Bekannten allmählich in einer Beziehung, oft mit Kindern - im Gegensatz zu mir als Single. Das lieferte immer Gründe, dass die Interessen zunehmend weiter auseinander gingen. Sie konnten meine Lage nicht mehr nachvollziehen und ich fühlte mich unverstanden.

Es ist jetzt leider so, dass es mir ohne die früheren Freunde psychisch besser geht. Sporadische Kontakte gibt es noch, aber im Grunde ist mir aus dieser Zeit kaum jemand geblieben. Die Freundschaften haben sich insofern verändert.

Was mir auch oft durch den Kopf schwirrt: Meine eigenen Probleme sind mir genug. Da sehe ich nicht ein, mir noch einen womöglich verständnislosen Partner ans Bein zu binden, dem ich immer alles erklären muss. Zum Beispiel, warum etwas unmöglich ist, was eigentlich funktionieren müsste.

***

Und wie steht es um die berufliche Tätigkeit?

In der Reha hörte ich die Empfehlung: Ich könne schon arbeiten, aber nur in einem Büro alleine, wo mich niemand stört, und nur zwei Stunden täglich. Das läge an meinem jetzigen Problem, dass es mir ziemlich an Konzentrationsvermögen mangelt und ich die Vielseitigkeit der Tätigkeit nicht bewältigen könnte (im Dienstraum: E-Mails schreiben - dazwischen klingelt öfter das Telefon - oder es kommt jemand und will etwas - und das Ganze von vorn ...).

Realistisch gefragt: Wo sollte das denn möglich sein?! Die Anforderungen der Wirtschaft an die Einsatzbereitschaft sind einfach zu hoch. Das wurde für mich spürbar in dem einen Jahr - das war kein Acht-Stunden-Job, sondern es kamen nicht selten zehn

Stunden und mehr an Arbeitszeit zusammen. Das Resultat war viel Stress, den ich nicht bewältigen konnte.
Und wenn du unter solchen Umständen, wie es die meinen sind, wieder arbeiten willst, dann musst du einen Arbeitgeber finden, der viel Verständnis aufbringt. Das ist sehr viel verlangt!

***

Was das Autofahren anbetrifft: Ich fahre nicht mehr, wobei ich eigentlich dürfte. Mir ist das Risiko einfach zu hoch. Da gibt es beispielsweise meine mangelnde Konzentrationsfähigkeit, also dass ich zu leicht ablenkbar bin. Zwei oder drei Stunden würde es vielleicht funktionieren, danach mündete es allmählich in eine Katastrophe. Dann käme es dazu, dass sich im Kopf die Blutbahnen verkrampften - so ähnlich erklärte es mir einmal jemand.
Beim Fahren kommt es oft auf Millisekunden an. Und meine rechte Seite spielt nicht so mit. Außerdem ist man hier in der Stadt schnell bei den öffentlichen Verkehrsmitteln. Also stellt das für mich die bessere und sicherere Möglichkeit zur Mobilität dar.
Therapien bekomme ich übrigens glücklicherweise immer noch, zwar leider nur einmal in der Woche, aber immerhin!

Was mir da alles passierte, ist mittlerweile rund zehn Jahre her. Übrigens gab es früher in meiner Familie nie einen Schlaganfall oder einen Tumor. Deswegen beschäftigten wir uns nicht großartig mit solchen Problematiken. Wenn man nicht direkt damit konfrontiert wird, kann man kaum wissen, was da drum und dran hängt (ist das besser so??).

Jedenfalls ist eine wichtige Erkenntnis von mir seitdem, dass das Gehirn die Zentrale von vielem darstellt, was man im Grunde »selbstverständlich« nennt.

Seid dankbar für alles, was funktioniert!

Und wie sehe ich das jetzt? Man bekommt durch solche Einschnitte einen anderen Blick. Mir fällt zum Beispiel erst einmal bewusst auf, wie viele Personen eigentlich krank sind, nicht richtig laufen können oder mit dem Rollstuhl unterwegs sind.

Was ich wiederholt betonen möchte, ist, dass mir die ständige Unterstützung durch meine Eltern eine ganze Menge bedeutete und bedeutet! Sie halfen mir über diese gesamte, äußerst schwierige Zeit hinweg, und sie sind in jeder Situation für mich da, was mir sehr hilft.

Nichtsdestotrotz lebe ich jetzt in einer eigenen Wohnung. Das sehe ich als ganz wichtig an, denn ich bin inzwischen vierunddreißig Jahre und möchte nicht mehr bei Mutti wohnen.

Noch etwas: Jeder Mensch sollte Ziele haben! Mir fehlt das Verständnis für Leute, die eine ordentliche Ausbildung, eventuell inklusive Abitur, besitzen und sich dann einfach so zufrieden geben mit Hartz IV und ansonsten ihre Rente erwarten. Das kann doch nicht sein!

Man sollte vielerlei machen und die zahlreichen Möglichkeiten wahrnehmen, die einem das Leben bietet, egal unter welchen Umständen!

Gerhard F.
geb. 1953, Kfz-Mechaniker
verheiratet, ein Kind

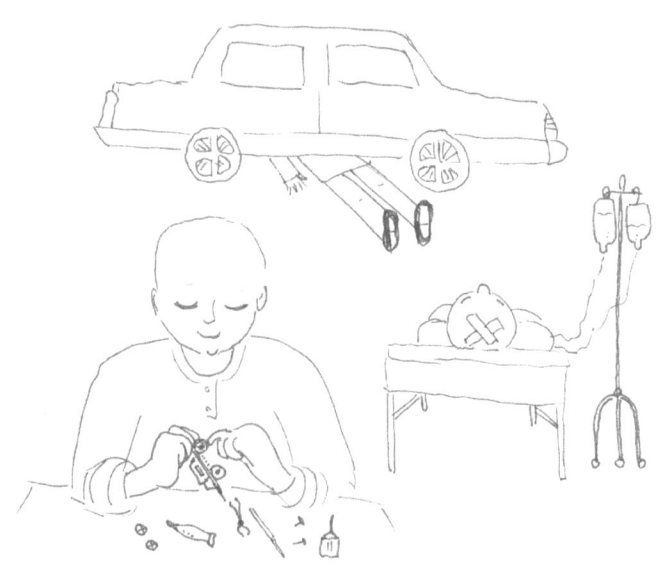

»Als ich versuchte, das Metall auf dem
glatten Fußboden wegzuziehen,
da rutschte alles zur Seite,
und mir schlug das gesamte Teil von rund fünfzig
Kilo ins Gesicht.«

Nach abgeschlossener Lehre war ich bis zur Wende als Kfz-Mechaniker in einer Betriebswerkstatt tätig. Das Interesse für Fahrzeuge und Fahrzeugtechnik war auch Grundlage für mein Hobby Modellbau und für viele Freizeitaktivitäten. Es fanden beispielsweise jährliche Treffen mit anderen Fahrzeug- und Oldtimerfans statt, und so entstanden mit der Zeit viele Kontakte auf dieser Strecke.

Nach der Wende arbeitete ich im Dreischichtsystem in einer größeren Kfz-Werkstatt. Meine Frau eröffnete ein Modellbaugeschäft. Als Kfz-Mechaniker sowie mit dem Hobby Modellbau verdiente ich gutes Geld, kann ich einschätzen.

***

Dann gab es einen Freitag im Herbst 2010. Seit rund einem Jahr war ich in einem Betrieb angestellt, der Transformatoren fertigte.

An diesem Tag hatte ich Spätschicht, also Dienst bis 22.30 Uhr. In Gedanken war ich schon voll im Wochenende, wo wir zu einem Oldtimertreffen nach Thüringen fahren wollten. Dabei würden meine Frau und ich wieder eine Menge alter Bekannter treffen, und es gäbe viel zu erzählen.

Noch rund drei Stunden Arbeitszeit blieben für mich zu bewältigen - dann ab ins Wochenende!

Um die schweren Einzelplatten des Trafo-Eisenkernes zu sammeln, musste ich sie an einen Haken anbringen und zum Kran ziehen, an dem der gesamte Eisenkern von rund achthundert Kilogramm, bestehend aus den vielen Einzelplatten, hing. Jedoch dieser Haken war nirgends zu entdecken, so sehr ich auch nach ihm suchte.

So blieb nichts weiter übrig: Ich musste mir mit einer Blechrolle helfen, um die Teile zum Kran zu transportieren. Als ich sie auf dem glatten Fußboden zog und zerrte, rutschte plötzlich alles zur

Seite, und das gesamte Teil von rund fünfzig Kilogramm schlug mir voll ins Gesicht.
Als meine Benommenheit nachließ, stand ich auf. Ich stellte fest, dass meine Brille noch intakt war. Jedoch hatte ich ein flaues Gefühl im Magen. Nun lief ich zu meinem Arbeitskollegen und forderte ihn auf: »Schau mich mal an: Blutet bei mir im Gesicht irgendetwas?« Der Kollege musterte mich von allen Seiten und meinte dann: »Nein, von Bluten ist hier keine Rede. Jedoch irgendwie sieht das überhaupt nicht gut aus. Erkennen kann ich nichts Besonderes. Aber ehe wir etwas falsch machen, rufe ich jetzt den Notdienst an; die sollen sich das mal ansehen.«
Er verfrachtete mich auf einen Stuhl, und nach zwanzig Minuten kam das Krankenauto und mit ihm der Notarzt. Dieser begutachtete mich zunächst, untersuchte besonders meinen Kopf und legte einen Verband an. Ganz harmlos schien das alles doch nicht gewesen zu sein. Anschließend fragte er mich, ob ich stehen könne und eventuell sogar zum Krankenauto laufen. Darauf ich: »Ja, so viel scheint mir zum Glück nicht zu fehlen - das wird schon gehen!«
Und schon war ich im Krankenauto und setzte mich dort nieder. Sie brachten mich ins rund zwanzig Kilometer entfernte Krankenhaus. Der dortige Arzt in der Notaufnahme schaute mich kurz an, schüttelte den Kopf und sagte zum Notarzt: »Den Mann können wir keinesfalls hier lassen. Ich kann da nichts machen, was ihm wirklich hilft. Fahren Sie gleich weiter in die Uniklinik!«
Ich bekam die sogenannte »Fliege« in den Arm gesteckt, und so schlief ich gleich danach auf der Liege im Rettungswagen ein.
Als ich erwachte, lag ich in einem Krankenbett. Später erfuhr ich, dass inzwischen zwei Tage vergangen waren und ich mich in der Uniklinik befand.
Irgendwann kam indessen eine Schwester herein und bot mir an: »Möchten Sie einen Kaffee und dazu ein Marmeladenbröt-

chen?« - Aber ja! Denn es handelte sich doch tatsächlich um ein schönes Angebot, das ich nicht ausschlagen wollte.
Jedoch der Genuss beim Essen kam gar nicht erst auf, denn als ich in das Brötchen biss, verspürte ich einen heftigen Schmerz, und ich ließ daraufhin alles fallen. Appetit und Hunger waren plötzlich kein Thema mehr.
Allmählich kam heraus, was mit mir los war. Mein Kiefer war zertrümmert, und folglich verursachte jegliche Kaubewegung höllische Schmerzen. Die Schmerzen spürte ich nun deutlich, da die Wirkung der Betäubungsspritze nachgelassen hatte.
So kam für mich normales Essen nicht in Frage, was mir ja schmerzhaft klar geworden war. Zur Nahrungsaufnahme erhielt ich deshalb bis auf weiteres einen Strohhalm.
In den nächsten Tagen wurde per OP im Kiefer alles mit Schrauben zusammengefügt.

***

Am Tag meiner unfreiwilligen Ankunft im Krankenhaus forschte derweil meine Frau nach, wo ich denn geblieben sei. Sie wusste ja, dass ich Spätschicht hatte. Also versuchte sie, irgendwelche Kollegen zu erreichen. Von den anwesenden Arbeitskollegen erhielt sie die Auskunft, bei mir hätte es einen Arbeitsunfall mit Schädelverletzung gegeben, und der Notarzt wäre mit dem Rettungswagen gekommen. Sie fragte sich weiter durch, bis sie herausfand, dass ich in der Uniklinik gelandet war.
Sie erhielt die erschreckende Nachricht, dass unter anderem das linke Auge zertrümmert sei. Man sprach von einer »mittelschweren Gesichtsverletzung«. Alles weitere würde sie übermorgen beim Besuch erfahren. Der Unfall passierte mir ja am Freitagabend, und am Sonntag durfte mich meine Frau besuchen.
Inzwischen war ich am Kopf operiert worden und danach wieder aufgewacht.

Später erzählte sie mir von diesem ersten Besuch, bei dem es sich schon um einen recht eigenartigen handelte. Bevor sie mein Zimmer betreten durfte, nahmen die Ärzte sie beiseite und schärften ihr ein, sich nichts anmerken zu lassen wegen meines Anblicks.
Irgendwie muss ich verheerend ausgesehen haben. Eigentlich hätte sie mich überhaupt nicht mehr erkannt, aber man teilte ihr ja mit, wer das da in dem Krankenbett sei, meinte sie später zu mir.

***

Nach einer Heilungsphase von gut zwei Wochen waren die Ärzte der Meinung, ich könne nun entlassen werden. Also brachte mich der Rettungswagen wieder nach Hause.
Das linke Auge war aber noch kaputt; anders konnte man das nicht nennen. Mein Kopf wurde von insgesamt zweiunddreißig Schrauben zusammengehalten, die sich zur Stabilisierung notwendig machten. Außerdem wurden sieben Bleche einoperiert. Das ganze Jochbein war zudem zertrümmert.
Dass mit meinem Auge bei weitem noch nicht alles gut war, stellte sich eine Woche später heraus, denn ich musste wieder ins Krankenhaus, weil die Verletzungen am Auge noch nicht richtig zusammengewachsen waren, und deswegen ergaben sich Probleme mit der gerissenen Hornhaut.
Ich pendelte in der nächsten Zeit immer hin und her: Arzt - Arbeit - Arzt - Arbeit ... Denn ich befand mich wieder an meinem vorherigen Arbeitsplatz, wobei es nicht gut ankam, dass ich nur in der Tagschicht tätig sein sollte. Außerdem fiel mir das Arbeiten schwer dadurch, weil das eine Auge zugeklebt war. In regelmäßigen Abständen musste ich Augentropfen aufbringen.
Die Berufsgenossenschaft meldete sich bei mir. Man hätte mich ja in der Uniklinik gesundgeschrieben, und folglich wäre es in Ordnung, dass ich wieder arbeite. Außerdem vertrat man die

Ansicht, das könne natürlich wie gehabt in drei Schichten und in Vollzeit geschehen.
Ich spürte, das würde nicht gut gehen, und setzte mich zur Wehr. Es vergingen ein paar Tage, dann musste ich in einer Mitteilung die Frage zur Kenntnis nehmen, ob ich denn zu faul zum Arbeiten sei ...
Mit diesem verletzten Auge brachte ich insgesamt drei Jahre zu, bis mir endlich ein Arzt helfen konnte und mir meine Hornhaut reparierte. Den jetzigen Zustand könnte man so beschreiben: Mein linkes Auge liegt nun auf einem Sieb.

***

Dem erstellten Unfallgutachten war übrigens zu entnehmen, dass ich zu zwanzig Prozent geschädigt sei. Da dieser Wert mir, meinen sämtlichen Bekannten und auch meiner privaten Versicherung erheblich zu gering erschien, meldete ich mich beim VdK (Verband der Körperversehrten), und dieser unterstützte mich und stellte mir einen Rechtsanwalt zur Seite.
Im folgenden dreiviertel Jahr ging es immer: Klage hin und Klage her bis hin zu einem Gerichtstermin, in dessen Ergebnis ich mitgeteilt bekam, dass mein Schädigungsgrad vierzig Prozent betragen würde, obwohl sich auch ein Wert von neunzig Prozent im Spiel befand.
Jedenfalls handelte es sich bei der Feststellung meines Schädigungsgrades um ein »interessantes«, nicht nachvollziehbares Rechenexempel.
Von einer Behinderung könne keine Rede sein. Punkt.
Schließlich erhielt ich nach einigen Kämpfen doch das Behindertengeld.

***

Ich ging nun wieder Tag für Tag auf Arbeit. Eigentlich benötigte ich einen Behindertenarbeitsplatz, an dem ich mit drehenden Teilen nichts zu tun habe.
Tatsächlich aber befand ich mich an demselben Arbeitsplatz wie vor dem Unfall. Und die drehenden Teile, die gab es folglich auch ... Und schwere Arbeiten hatte ich genauso zu machen wie vorher.
Nur eins setzte ich durch: Für die Arbeitszeit kam bei mir nur die Tagschicht in Frage.

***

Inzwischen habe ich das reguläre Rentenalter erreicht und damit meine Arbeit im Betrieb beendet, so dass das Problem mit dem passenden Arbeitsplatz glücklicherweise gegenstandslos geworden ist.
Damit kann Ich mich noch intensiver meinem langjährigen Hobby, dem Bau von Fahrzeugmodellen, widmen. Es ist immer wieder eine Genugtuung, ein maßstabsgerechtes Modell eines Fahrzeuges mit allen möglichen Filigranteilen wirklichkeitsgetreu hinzubekommen. Die Sammlung meiner Oldtimermodelle wird regelmäßig von Besuchern bestaunt.
Ich bin in der Lage, unseren Familienalltag gut zu meistern. Meine Familie steht mir jederzeit zur Seite. Dass sich in meinem Kopf als Folge des Unfalls nach wie vor Bleche und Schrauben befinden, muss ich hinnehmen. Dankbar bin ich, dass der Arzt bei der Operation an der Hornhaut des betroffenen Auges einiges korrigieren konnte. Trotzdem ist das Auge in einem äußerst sensiblen Zustand.
Nach dem Unfall muss ich an manchen Stellen entsprechende Vorsicht walten lassen. Daran habe ich mich gewöhnt.

Karin M.
geb. 1952, Industriekauffrau
Werner M.
geb. 1951, Polsterer
verheiratet, zwei Kinder

»Erzählen Sie Ihrer Frau irgend etwas
- das hört sie vielleicht!«

Karin:
Ich war eine Zeit lang im Büro eines vogtländischen Textilbetriebes in der Betriebswirtschaft beschäftigt, und das bis zur Wende. Dann wurde ich entlassen, wie viele andere auch in dieser Phase. Also bewarb ich mich wieder woanders ... und bewarb mich ... und bewarb mich ... und wurde doch nicht angenommen, mit den schönsten Begründungen, angefangen mit der wunderbaren Vokabel »Alter«.
Nach längerem Suchen ergab sich endlich etwas - ein Ein-Euro-Job im Nachbarort. Die Aufgabe hierbei bestand unter anderem darin, Rosen zu verschneiden oder im Kindergarten zu helfen.
Danach bekam ich in meinem Wohnort für einige Monate eine ABM-Stelle. Da wollte zum Beispiel in dem einen Jahr niemand den Weihnachtsmann machen - also ergab sich kurzerhand eine Aufgabe für mich: d e r Weihnachtsmann!
Ich versuchte es später als Controllerin und erhielt diesen Computerjob. Das ging wiederum einige Zeit gut. Dann gab es in der Firma eine ungenügende Anzahl von Aufträgen, und so hieß es erneut: Entlassung.
Anschließend hatte ich kein richtiges Glück mehr damit, eine Arbeit zu bekommen. Warum wohl??
Als ich mich als Eisverkäuferin in einer nahe gelegenen Stadt bewarb, kam natürlich die unvermeidliche Frage: »Verraten Sie uns bitte Ihr Alter?« Als ich darauf wahrheitsgemäß antwortete: »Vierzig Jahre!«, kam es zurück: »Na, für diesen Job müssten Sie um einiges jünger sein!« So, als ob ich das ja selbst wüsste. Klar, ich wurde deshalb nicht angenommen.
So gab es mittlerweile bei mir eine ganze Mappe mit unbeantworteten Arbeitsanträgen. Die Vermittlungschancen verschlechterten sich zunehmend. In den Absagen erschienen meist Altersgründe. Was denn sonst?!
Ein-Euro-Jobs hatte ich immer wieder mal. Ja, das nützte ja nichts: Ansonsten entfiele mein Arbeitslosengeld!

***

Werner:
Ich lernte zuerst Polsterer. Später arbeitete ich noch als Gummierer in einer Papierfabrik, und das bis zur Wende. Als sich der Betrieb nicht mehr rechnete, entließen sie alle. Also bedeutete das auch für mich: Schluss mit dieser Tätigkeit.
So suchte ich mir etwas Neues und fand bis 1997 eine Anstellung bei einer hiesigen Baufirma. Bis sie dann zuwenig Aufträge erhielten ... Und so wechselte ich in eine Gießerei. Die Arbeitsbedingungen hier beschrieben sich mit »schwer, hart und dreckig« - doch ich besaß einen Arbeitsplatz!
Trotz alledem bemühten wir uns, alljährlich wenigstens eine kleine Urlaubsreise zuwege zu bringen, und fuhren in einige schöne Gegenden in Deutschland.

***

Über Pfingsten gab es in dem einen Jahr eine Busreise für eine reichliche Woche nach Koblenz. Das Programm enthielt Schiffsfahrten, Besichtigungen und weitere solche Unternehmungen.
Es begann als ein angenehmer Urlaub, bis eben zu dem Zeitpunkt, wo sich für uns plötzlich vieles änderte. Wir fuhren an diesem Tag bei wunderschönem Wetter mit dem Dampfer unter anderem an der Loreley vorbei. Als wir zurückkehrten, hatte man im Hotel schon das Abendbrot vorbereitet.
Karin meinte, etwas Entspannung täte ihr momentan gut, zumal ihr Rücken schmerzte. Sie wollte sich deswegen ein paar Minuten hinlegen.
Der Hotelier sagte zu uns: »Nicht, dass ihr wieder ausreißt wie gestern! In einer halben Stunde fängt die Kapelle an zu spielen!«
Da wir schon immer gern tanzen, setzten wir uns nach dem Essen mit zu den anderen.
Plötzlich fiel Karins Kopf unvermittelt zur Seite. Ihr Mund war ganz schief und die Augen verdreht. Ehe ich sie festhalten konn-

te, rutschte sie bewusstlos unter den Tisch. Sie hatte danach zeitweise schlimme Krämpfe.

Die anderen in der Runde bekamen das anfangs überhaupt nicht mit. Nach dem ersten Schreck meinte ich, dass wir jetzt unbedingt einen Notarzt rufen sollten. Karin müsse ins Krankenhaus und untersucht werden. Da kam mir plötzlich der Gedanke, es sähe aus wie ein Schlag - also erforderte das umgehende Hilfe! Der Hotelier eilte daraufhin zum Telefon.

Ich war verständlicherweise äußerst aufgeregt, sodass ich nicht mehr sagen kann, ob es sieben oder zehn Minuten dauerte, bis der Rettungswagen kam. Jedenfalls ging es ganz schnell. Das nächstgelegene Krankenhaus für Schlaganfälle befand sich in ungefähr zwanzig Kilometer Entfernung.

Ich durfte gleich im Krankenauto mitfahren. In der Klinik angekommen, begannen sofort die Untersuchungen, und Karin wurde unter anderem auch geröntgt.

Daraufhin stellten sie fest, dass es ein Blutgerinnsel im Gehirn gäbe, und das müsse auf schnellstem Wege operiert werden. Diese Operation machten die Ärzte über die Leiste. Dadurch blieb Karin eine OP direkt am Kopf erspart.

Ich konnte vor lauter Aufregung keine Auskunft geben, wo unser Hotel war. Zum Glück hatte ich einen Flyer einstecken, auf dem sich alle notwendigen Angaben fanden. Den zeigte ich den Leuten im Krankenhaus. So konnten sie mir für den Rückweg ein Taxi bestellen, welches mich zurück zur Unterkunft brachte.

Als ich die Tür des Hotelzimmers hinter mir schloss, war es mir das erste Mal wieder möglich durchzuatmen. Ich durfte beginnen zu versuchen, das alles zu verdauen. Kann man das überhaupt in so einem Moment!?

Eines fiel mir jetzt auch auf, als ich den heutigen Tag an mir vorüberziehen ließ: Müsste es da unter Umständen irgendwelche Vorzeichen gegeben haben? - Fehlanzeige! Karin hatte zu keiner

Zeit etwas Außergewöhnliches in dieser Beziehung kundgetan. Bis eben auf diese Rückenschmerzen vorhin ...

***

Am anderen Tag sollte es noch eine letzte Ausfahrt geben, und zwar ans Deutsche Eck. Der Busfahrer machte freundlicherweise einen kleinen Umweg am Krankenhaus vorbei. Er versprach mir, dass er mich auf dem Rückweg wieder mitnähme.
Karin merkte von all dem nichts, denn sie war zur Erholung ins Koma versetzt worden. Am anderen Tag ließen sie sie allmählich aufwachen. Es handelte sich um den Termin der Rückreise, und in der Heimat wartete der Alltag.
Zu Hause angekommen, reichte ich auf Arbeit sofort Urlaub ein, damit ich zusammen mit unserem Sohn, der auch frei genommen hatte, die sechshundert Kilometer zu meiner Frau fahren konnte.
Als ich beim nächsten Besuch dort im Krankenhaus ankam und bei den Ärzten nachfragte, wie ich mich verhalten solle, meinten sie: »Erzählen Sie Ihrer Frau irgendetwas - sie hört das eventuell!«
Jedoch Karin lag regungslos da und zeigte keinerlei Reaktion. Scheinbar hatte sie doch nichts gehört. Oder???
Es dauerte drei Tage, bis sie endlich allmählich aufwachte, und weitere zwei Tage blieb sie noch auf der Intensivstation, ehe sie auf ein Normalzimmer verlegt wurde.
Einige Zeit später fragte ich Karin: »Hast du gemerkt, wann und wie du aufgewacht bist?«, und bekam die kurze Antwort: »Nein!«
Als sie erwachte, wusste sie sowieso überhaupt nichts mehr. Nicht, wo sie sich befand, nicht, dass wir auf einer Busreise waren und dass es ein paar Schiffsfahrten gegeben hatte ... Oder die gegenwärtige Tatsache »Koblenzer Krankenhaus«. Oder dass jetzt der Nachhauseweg anstand ... Alles war einfach weg!

Sie gaben dann Karin etwas zu trinken, um den Schluckvorgang zu testen. Da tauchte erneut einer von diesen neuen Fakten auf, die ich hinzulernen musste: Die Möglichkeit in Betracht zu ziehen, dass das - ach so einfache! - Schlucken bei ihr nie mehr richtig vonstatten gehen würde!? Nach anfänglichen Schwierigkeiten funktionierte es zum Glück wieder.

Die Physiotherapeuten richteten sie auf, hoben sie hoch und versuchten, sie allmählich zum Laufen zu animieren. Und siehe da! Eine Woche später konnte Karin bereits allein auf die Toilette gehen. Klar, das rechte Bein zog sie etwas nach, aber trotzdem klappte die Fortbewegung ganz gut. Eine wichtige Errungenschaft in dieser Situation!

Jedoch das Sprechen funktionierte nicht. Sie brachte gerade so ein »Ja« oder ein »Nein« heraus.

Ich konnte sie in dieser Zeit immer nur am Wochenende besuchen, weil ich an den anderen Tagen arbeiten musste. So fuhren wir am Freitag nach Koblenz, blieben am Samstag dort und kehrten am Sonntag wieder zurück. Das behielten wir drei Wochen so bei, bis Karin endlich aus dem Krankenhaus entlassen werden konnte.

Erschwerend kam in dieser Zeit noch hinzu, dass gerade die Fußballweltmeisterschaft stattfand, und folglich stand es schlecht um freie Übernachtungsplätze. So musste ich zum Beispiel von einer Pension zur anderen umziehen, je nachdem, wo es verfügbare Betten gab.

***

Unsere Tochter organisierte dann, dass Karin von Koblenz aus gleich eine Reha bekam. Sie erhielt dort einen Platz für eine lange Zeit, ungefähr sieben Wochen. Therapien gab es währenddessen vielfältige: Logopädie, Physiotherapie, Ergotherapie und auch Schwimmen.

Karin musste ebenfalls lernen, ihre Medikamente selbst zusammenzustellen. Das funktionierte anfangs mehr als schlecht, obwohl es eigentlich selbstverständlich klingt.
Die Speisen bekam sie vorbereitet, weil sie ihre rechte Hand absolut nicht benutzen konnte. Aus diesem Grund befand sich am Rollstuhl ein kleiner Plastiktisch mit einer Gummimatte darunter, damit das Essen an seinem Platz blieb.
Am Schluss der Reha durfte sie schließlich mit in den Speisesaal. Anfangs wurde sie zu den Mahlzeiten immer in einen speziellen Raum gebracht, wo Schwestern die Patienten betreuten, die nicht selbst laufen und sich auch sonst schlecht betun konnten.
In den nächsten Jahren bekam sie übrigens unter anderem zwei Kuren, die letzte sogar mit Verlängerung.

***

Heute helfe ich meiner Frau in allen Situationen, wo es notwendig ist, zum Beispiel beim Kartoffeln schälen, was ja mit einer Hand nicht machbar ist.
Die Hilfe beginnt jedoch genau genommen schon mit dem Anziehen.
Staubsaugen packt Karin allein, Fenster putzen wir meist gemeinsam, das ist sicherer. Beim Essen muss ich sie gelegentlich unterstützen, weil sie ihre rechte Hand nur bedingt benutzen kann. Den Joghurtbecher zum Beispiel hält sie jedoch selbst fest!
Was nach wie vor schlecht funktioniert, ist das Sprechen. Deswegen kommt die Logopädin zweimal in der Woche und übt mit ihr. Ab und zu werden Sprachaufnahmen gemacht, und so kann man vergleichen, wie sich die Sprechweise entwickelt hat.
Oder: Da gibt es einen Kasten mit Buchstaben, um Wörter zusammenzusetzen, die sie danach selbst nachschreiben soll. Karin muss das Schreibgerät in der linken Hand halten aufgrund ihres Handicaps rechts. Dadurch schreibe ich es dann immer noch einmal ab. Ganz allein - das funktioniert nicht gut.

Mit dem Lesen ist es so, dass sie insbesondere das Kleingedruckte in der Zeitung schlecht entziffern kann. Nur die großen Überschriften erkennt sie besser.

Einmal in der Woche findet Ergotherapie statt. Da wird besonders die rechte Seite massiert, mit verschiedenen Hilfsmitteln wie zum Beispiel dem Igelball oder mit Unterstützung elektrischer Geräte. Außerdem gibt es verschiedenartige Reaktionsspiele. Mitunter muss sie auch etwas bauen mit der linken Hand.

***

Was das Autofahren betrifft, so traut sich Karin nicht mehr ans Steuer. Schließlich geht Sicherheit vor - ihre und die der anderen. Es beginnt ja bei ihr schon damit, das Lenkrad mit der rechten Hand festzuhalten ...

Wenn ich mich an früher erinnere: Da fuhr meine Frau fast noch öfter als ich!

Jetzt ist es einfach so, dass ich sie überall hin fahren muss: zum Doktor, zum Friseur, zum Einkaufen ... Aber das macht nichts, ich bin ja ebenfalls zu Hause und mache das gerne.

Da ich seit vorigem Jahr in Rente bin, sind wir inzwischen beide daheim. Als Rentner haben wir keinen Zeitdruck und können alles zusammen angehen.

Ich unterstütze Karin bei den Dingen, die schlecht oder überhaupt nicht funktionieren.

Wir bewohnen jetzt zu zweit das Haus, in dem wir früher gemeinsam mit den Eltern lebten.

Gute Freunde hatten und haben wir, vor allem in dem Ort, wo wir wohnen. Zunehmend beteiligen wir uns an den Unternehmungen der hiesigen Selbsthilfegruppe, wozu auch eine jährliche mehrtägige Ausfahrt gehört.

Allein in den Urlaub zu fahren, dazu fehlt uns ein bisschen der Mut, besonders seit dem Schlaganfall. Was das Ausland betrifft: Dabei haben wir Angst, dass da wieder etwas passieren könnte, zumal man unter Umständen überhaupt nicht verstanden wird.

Karins Schlaganfall brachte natürlich unser gemeinsames Lebenskonzept gehörig durcheinander. Doch dadurch, dass wir gemeinsam zu Hause sind, können wir unser Leben so gut wie möglich einrichten und unseren Alltag zufriedenstellend bewältigen.

Rolf T.
geb. 1961, Polizist
Barbara T.
geb. 1965, Berufsschullehrerin
verheiratet, zwei Kinder

»Wenn Sie jetzt hineingehen, bedenken Sie bitte:
Da drin, das ist nicht mehr Ihr Mann.
Er wird nie wieder so werden, wie Sie ihn gekannt
haben.«

Wir sind seit den neunziger Jahren zusammen und heirateten 2009. In der dritten Etage eines renovierten Altbaus bezogen wir eine Eigentumswohnung, perspektivisch zur Altersvorsorge gedacht.
Rolf war bei der Polizei im Außendienst tätig, genauer bei der Bundespolizei am Bahnhof, und Barbara arbeitet als Lehrerin im hiesigen Bildungszentrum.
Die Kinder wohnen ebenfalls nicht weit weg, nachdem sie sich um eigene vier Wände gekümmert hatten, überdies im gleichen Ort. Im März und im Juni 2010 konnten wir uns über zwei Enkel freuen.
Außerdem gab es noch ein Gartengrundstück. Dort hielten wir uns oft auf, und in dem betreffenden Jahr bauten wir im Garten eine Feuerstelle. Alles Dinge, die wir uns schön gestalteten und welche wir später überhaupt nicht mehr nutzen konnten, wie es sich leider herausstellte.
Das Leben steckt halt voller Überraschungen, und die sind keineswegs immer gut.
Insgesamt stand 2010 unter günstigen Vorzeichen. Alles war in Ordnung - bis eben dahin.

***

Rolf:
Es kam der 29. Oktober des genannten Jahres. Mittags telefonierten wir miteinander, denn wir wollten uns mit Barbaras Vati treffen.
Am Folgetag sollte ich dienstlich nach Frankfurt fahren.
Der betreffende Tag begann mit einem herrlichen Sonnenaufgang. Ich war dabei, im Garten alles winterfest zu machen. Die Rosen mussten angebunden und angehäufelt werden. Zu diesem Zweck hockte ich mich hin und wollte gerade einen Faden abschneiden an der Stelle, wo ich die Blumen festgebunden hatte.

Mit einem Mal fiel ich um, und da lag ich eben dort mitten im Beet. Aufstehen ging nicht mehr und ich konnte mir in keiner Weise erklären warum. Was passierte mit mir? Nebenbei bemerkte ich, dass mir auch alles Mögliche heruntergefallen war und in der Gegend herumlag, zum Beispiel die Brille.

Rein zufällig hielt sich zu dieser Zeit der Parzellennachbar ebenfalls im Garten auf. Das ganze Jahr hatten wir ihn kaum zu Gesicht bekommen, doch ausgerechnet jetzt war er da - welch ein Glück! Er entdeckte, dass ich am Boden lag, brachte mich jedoch allein nicht wieder auf die Beine. Deswegen holte er eine weitere Person zur Hilfe. Nach kurzem Beratschlagen beschlossen die beiden, den Notarzt zu holen.

Mein Handy lag im Bungalow. Das wusste ich noch, und der Nachbar eilte schnell ins Gebäude, um es zu holen. Ich wählte selber die Nummer, weil er sich mit dem Mobiltelefon weniger vertraut fühlte. Das Telefongespräch führte dann der Gartennachbar, denn ich konnte das nicht mehr richtig. So nahmen die Dinge ihren weiteren unerwarteten Verlauf.

***

Barbara:
Auf Arbeit bekam ich plötzlich einen Anruf. Am Telefon meldete sich der Notarzt, der Rolf soeben behandelt hatte. Ein vollkommener Schock! Es ging hier nicht um ein einfaches Umfallen oder so etwas, auch kein Hirnbluten. Der Notarzt stellte die Diagnose »Schlaganfall«. Aha ...

Ich begab mich natürlich sofort ins Krankenhaus, um nachzufragen. Der Chefarzt berichtete mir über das Vorgefallene. In so einer Situation nimmst du an, im falschen Film zu sein. Man rechnet in keiner Weise mit so etwas. Ich konnte das alles kaum realisieren.

Bevor ich Rolf besuchen durfte, nahm mich der Arzt beiseite und sagte zu mir: »Wenn Sie jetzt hineingehen, bedenken Sie bitte:

/Da drin, das ist nicht mehr Ihr Mann. Er wird nie wieder so werden, wie Sie ihn gekannt haben. Sie dürfen deswegen keinesfalls erschreckt wirken!« - Das Weitere rauschte an mir vorbei.
Außerdem bestand Lebensgefahr. Der Arzt tat sich äußerst schwer, als ich fragte, ob Rolf das überleben würde. Es war alles wie in einem Albtraum, und ich sagte zu mir im Stillen immer erneut: ›Jetzt wach doch endlich auf!‹
Jedoch der Traum fand kein Ende. Sondern ich erlebte die bittere Wahrheit.
Sie machten die Lyse bei ihm, eine spezielle Behandlung, um Thrombosen aufzulösen, denn das Zeitfenster ließ diese Möglichkeit noch zu. Aber die bewegte bei ihm nichts - null. Der Gefäßverschluss hatte Bestand.
Als ich das Krankenzimmer betrat, fiel mir gleich auf, dass Rolf in eine völlig andere Richtung schaute und keine Reaktion zeigte. Natürlich freute er sich über meinen Besuch, als ich mich bemerkbar gemacht hatte.
Ich hörte ständig mit dem inneren Ohr den Satzanfang, den ich vorhin im Gespräch vernehmen musste: »Wenn er die nächsten vierundzwanzig Stunden überlebt ...« Dann dachte ich immer: ›Was erzählt der eigentlich für Zeug!?‹ Das konnte doch alles auf keinen Fall wahr sein!
Das Schlimmste trat glücklicherweise nicht ein, denn die Einblutung hielt sich in Grenzen.
Passiert war das an einem Freitag. Am Mittwoch darauf kam endlich der entlastende Spruch vom Chefarzt: »Er ist über den Berg!« Bis dahin regierte die Ungewissheit. Jetzt fühlte ich eine große Erleichterung, trotz alledem!
Doch damit begann das Kämpfen erst richtig.
Sprechen konnte Rolf leidlich gut. Mit anderen Sachen dagegen sah es schlechter aus, so dass banale Dinge plötzlich keineswegs als selbstverständlich bezeichnet werden durften. Zum Beispiel das Sitzen. Oder das Auf-die-Toilette-Gehen.

Das Schlucken funktionierte anfangs ebenfalls nicht. Folglich erhielt mein Mann die Babynahrung vom Enkelchen.
Ich informierte mich über seine Situation so gut wie möglich aus allen denkbaren Quellen. Auch im Internet las ich viel nach und recherchierte.
Wenige Tage später bekam Rolf einen Reha-Platz. Er wurde liegend eingeliefert, denn er konnte ja nicht sitzen - eine ganz schön harte Tatsache.
In dieser ungewissen Situation ließ ich mich krankschreiben. Es gab viel Verständnis für meine Lage. Die Freistellung von der Arbeit erwies sich als notwendig, weil keinesfalls absehbar war, wie das weitergehen würde.
Im Grunde funktionierte ich wie ein Automat. Es erschien alles unwirklich. Die Zeit verging relativ schnell, wenn ich es im Nachhinein betrachte.

***

Bei einem der Besuche im Krankenhaus meinte Rolf eines Tages zu mir: »Die haben mir in mein Bett einfach so eine Rolle hineingelegt. Nimm die doch bitte heraus, denn sie ist richtig schwer. Ausgeschlossen, dass ich die alleine wegbewegen kann!«
Ich schaute nach - vergeblich. Dieser Gegenstand war nirgends zu entdecken.
Es erwies sich jedoch, dass er sein linkes Bein meinte. Das nahm er überhaupt nicht wahr. Die eine Körperhälfte war für ihn sozusagen in keiner Weise existent. Später gab es einen Namen für so etwas: Neglect.
Diese Sache lieferte übrigens den Grund dafür, dass Rolfs Nachttischchen im Krankenhaus und bei der Reha links vom Bett zu finden waren und dass sich die Personen, die ihn behandelten, von der linken Seite her näherten. Dadurch wurde er angehalten, den Kopf dorthin zu wenden. Aber oft kam es vor, dass er das nicht tat, obwohl da links jemand stand und ihn aufforderte:

»Herr T., jetzt schauen Sie mich doch einmal an! Hier bin ich!«
Und oft war sein Blick trotzdem nach rechts gerichtet ohne weitere Reaktion ...
Der Doktor befand sich links vom Bett und erklärte ihm etwas, jedoch Rolf schaute einfach woandershin. Deswegen meinten auch die Ärzte zu mir, ich solle ihn viel von der linken Seite her ansprechen und ihn nötigen, den Kopf in diese Richtung zu drehen.

***

Damals im Krankenhaus meinte ich zu meinem Mann: »Mit dem Rollstuhl wirst du anscheinend leben müssen. Du kannst vergessen, dass es ohne den geht. Das wird sicher nichts!« Rolf sah es aber immer als sein Ziel, aus diesem Gerät herauszukommen. Eines Tages sagte ich zu ihm: »Jetzt lauf doch endlich selber!« - obwohl ich an so etwas keinesfalls ernstlich glaubte. Und er schaffte es tatsächlich! Das konnte man ungefähr fünf Monate nach dem Schlaganfall einschätzen. Der Weg bis dorthin war jedoch alles andere als einfach.

Am Anfang hieß es zunächst: Alleine stehen - ganz simpel klingt das! Erst brauchte er unbedingt eine Sicherheit zum Festhalten, bis er sich schließlich auch wieder freihändig aufrecht halten konnte.

***

Rolf:
Die ersten Laufübungen hatten mit »Laufen« - was man darunter versteht - wenig gemein. Sie sahen so aus: Ich stand in einem Laufwagen, um ein Umfallen nach der Seite zu verhindern, und drei Therapeutinnen »zerrten« mich den Gang entlang. Eine betätigte mein linkes Bein, eine rechts, und die dritte hielt mich an der Hose fest. Sie setzten mir die Füße, denn das beherrschte ich anfangs in keiner Weise allein.

Das ergab ein Bild für die Götter und war gut geeignet für einen Film bei You Tube ... Es handelte sich nicht um eine eigene Fortbewegung, sondern ich wurde fortbewegt, anders konnte man das kaum nennen. Sie krochen auf allen vieren und setzten mir die Füße.
Auf diese Weise kam ich wieder zu meinen ersten, zunehmend eigenen Schritten. Ein kleiner Erfolg, der mich ermutigte und auf den ich in der Zukunft aufbaute.

***

Barbara:
In dem Moment, als ich Rolfs Laufversuche beobachten konnte, kamen mir richtig die Tränen. Denn er stand das erste Mal wieder auf seinen Beinen und machte eigene Schritte, wie auch immer die aussahen. Letzten Endes freute ich mich riesig, dass es überhaupt so funktionierte, weil die ursprünglichen Äußerungen sich anhörten, als ob da nichts Großartiges mehr zu erwarten wäre mit dem Laufen.
Später kann man über solche Dinge sogar lachen - denn sie sind vorbei. Das Fortbewegen auf zwei Beinen ist doch erneut möglich, entgegen anders lautenden Aussagen. Ein Lob an die Therapeutinnen, die ihm dabei viel geholfen haben! Rolf machte ja auch gut mit und zeigte sich äußerst willig, was eine entscheidende Rolle spielte. Er ging ohne Angst sowie mit einer großen Portion Optimismus an diese Übungen heran.
Bei dem Gedanken, dass er hinfallen könnte, meinten die Therapeutinnen nur, dass sie kaum in der Lage wären, ihn festzuhalten. Im Scherz meinen sie, dass sie Rolf nur beiseite schubsen würden, damit er sie nicht traf. Ich musste jedoch über diese Frauen immer wieder staunen. So zierlich, wie sie aussahen, hielten sie ihn jederzeit gut fest, weil sie ihre Griffe beherrschten.
Buchstäblich Schritt für Schritt lief er besser. Nach einer gewissen Zeit war nur noch eine Therapeutin zur Unterstützung nötig.

Die Benutzung eines Rollators kam jedoch nicht in Frage. Dadurch, dass mein Mann die linke Seite kaum wahrnahm, wäre er mit diesem Gerät immer nur im Kreis gelaufen - Vorwärtskommen ausgeschlossen. Deswegen bekam er den so genannten Vier-Punkt-Stock.

Die nächste Stufe: Ich schob Rolfs Schlafgelegenheit (er hatte glücklicherweise ein Ein-Mann-Zimmer) in die Mitte des Raumes, und so hielt er sich am hochgestellten Bett fest und lief immer drum herum. Oder wir machten Laufversuche auf dem Gang, wo er die Geländer an beiden Seiten nutzen konnte.

Die Reha gestaltete sich in mancher Hinsicht sogar als eine etwas spaßige Zeit, denn öfters sagten die Schwestern zu Rolf: »Sie mit ihrem schwarzen Humor!« Diese Art Witz erfüllt übrigens obendrein eine Art Schutzfunktion und hilft gut dabei, falschem Mitleid zu begegnen.

***

Die veränderten Umstände aufgrund des Schlaganfalls wirkten sich auf ganz banale Dinge aus. Nehmen wir zum Beispiel unsere Wohnung. Der Chefarzt warf in manchen Gesprächen Rolf verschiedene Tatsachen einfach »bum-bum-bum« an den Kopf - etwa so: »Wo wohnen Sie denn? Was, neunzig Stufen müssen Sie hoch, um in Ihre vier Wände zu gelangen!? Das können Sie aber sofort vergessen!« So ähnlich hörte sich das die ganze Zeit über an.

Ich erinnerte mich zum Glück an einen im Immobiliengeschäft tätigen Bekannten. Den fragten wir, wie wir jetzt schnell zu einer geeigneten Wohnung kämen. - Ja, ja – »barrierefrei« war übrigens in diesem Zusammenhang so ein neues Wort.

Mit der Perspektive »Rollstuhl«, die immer wieder im Raum schwebte, handelte es sich um einen knallharten Fakt. Dementsprechend gab es Anforderungen an das Daheim, zum Beispiel,

möglichst ebenerdig ins Haus zu gelangen, und für die Wohnung hieß das: ohne Schwellen.
Durch einen glücklichen Zufall bekamen wir etwas Geeignetes. Die Türen sind relativ breit, so dass man selbst mit dem Rollstuhl gut entlangkäme.
Das Haus verströmt beim Hereinkommen zum Glück keinen Geruch nach Rheuma-Wohl. So alt sind wir noch nicht!
Dort wohnen wir jetzt, allerdings in der dritten Etage, die wir über einen vorhandenen Fahrstuhl erreichen. Ich nahm diese Wohnung auch gleich, ohne sie großartig zu inspizieren. Denn wichtig war, dass die Bedingungen passten und der Preis ebenso.
Die Umstände des Umzuges: Rolf hatte gerade das Krankenhaus verlassen, und eine Woche später folgte der Wohnungswechsel. Das sagt sich schnell dahin. In der Realität verlief das »etwas« beschwerlicher.

***

Auch sonst haben wir uns mit den neuen Bedingungen gut arrangiert. Man muss ja. Und es ist bekanntlich keineswegs nur für denjenigen schwer, den es betrifft, sondern ebenfalls für die ganze Familie. Denn das Leben von uns beiden und nicht nur von uns beiden hatte sich von jetzt auf gleich komplett verändert.
Es gibt Zeiten, da bekommt man deswegen schon seine Krise, aber was soll man machen ...
Jedoch eines stimmt: Rolf ist anders geworden. Wir haben es letztens erneut festgestellt: Früher war er der ordnungsliebende Mensch, also ganz akkurat, zum Teil richtiggehend pingelig. Alles musste sich an seinem Platz befinden. Ja nichts liegen lassen, gleich wieder das Herumliegende vollständig aufräumen! So in der Art. Heute ist er oft das blanke Gegenteil.
Er vergisst eine Menge, das spielt ebenfalls eine Rolle. Zum Beispiel suchte ich einmal mein Handy. Wie das eben so ist, man fragt sich in so einem Moment: ›Wo hatte ich es hingesteckt?!‹ -

Mist, wo ist es denn?!‹ ... Hinter so einem Teil steckt ja ein gewisser Wert. Schließlich fand es Rolf zufällig in einer seiner Anoraktaschen wieder.
Oder das ähnliche Spiel mit Schlüssel vergessen, Portemonnaie verlegen ... Genau genommen, suchen wir ständig etwas.

***

Rolf:
Reden wir indes einmal von Orientierungsproblemen. Man stelle sich folgende Situation vor: Ich befand mich in einem Gebäude und wollte es durch die Tür verlassen. Nach mehreren vergeblichen Versuchen dachte ich: ›Warum halten die denn die Tür zu?‹ - Aber so war es nicht! Konsequenz: Der Eingang ist zum Hinausgehen oft eine schlechte Wahl!
Dann gibt es bei mir noch dieses eigenartige Neglect. Das kann man anderen Personen kaum vernünftig erklären. Bei mir ist auf der linken Seite Verschiedenes schlicht in keiner Weise existent, obwohl ich es im Grunde sehe. Verrückt, oder?
Das merkte ich zum Beispiel an folgenden Dingen: Wenn meine Frau bei einem Besuch aus dieser Richtung zur Tür hereinkam, dann ignorierte ich sie einfach wie »nicht-vorhanden«. - Es ist aber inzwischen viel besser geworden damit. Das liegt vor allem daran, dass das in den Therapien besonders behandelt wird.
Die Zeiten sind vorbei, wo ich mich beim Mittagessen beispielsweise darüber wundere, dass sich kein Fleisch auf meinem Teller befindet, weil ich die linke Seite jetzt auch wahrnehme.
Ich stelle fest, dass das Neglect auf den ersten Blick kaum mehr auffällt. Und ich selbst bewältige das, was da drum und dran hängt, ganz gut und kann es kompensieren.
Der linke Arm funktioniert nach wie vor schlecht, und auch das Bein auf dieser Seite macht Probleme.

Ans Autofahren darf ich leider unter keinen Umständen denken. Darum lasse ich das lieber sein, denn der Gedanke, andere unnötig zu gefährden, beunruhigt mich beachtlich.
Knoten machen, das kann ich überhaupt nicht. Mit einer Hand ist das schlecht möglich ...
Folgendes merke ich selbst auch: Dass meine Ausdauer zu wünschen übrig lässt und dass ich mitunter Dinge vergesse.
Nehmen wir das Ausmachen von Terminen her. Ich vereinbare angenommen für Freitag irgendetwas. Da kommt plötzlich Barbara, weil sie es aus der Ferne mithörte, und sagt zu mir: »Das geht doch überhaupt nicht! Da hast du bereits etwas anderes ausgemacht!«
Ach so, natürlich! Da fällt es mir selbst wieder ein. Ich hatte das vor wenigen Tagen vereinbart, es jedoch inzwischen längst vergessen. So kann es passieren, dass es einen Termin zwei- oder dreimal gibt, und man merkt das erst hinterher.
Es ist eben eine Tatsache, dass ein ganzer Teil meines Gehirns geschädigt wurde. Fix wieder gutmachen - Fehlanzeige! Und das wirkt sich eben an manchen Stellen aus. Man muss »einfach damit leben«.

***

Barbara:
Mit vielen Freunden, mit denen wir etwas unternahmen, haben wir jetzt weiterhin guten Kontakt. Einige haben wir auch verloren, weil sie sich zunehmend distanzierten. Da sagst du dir dann: ›Na ja, das ist eben so.‹ Manche verstehen das einfach nicht und wissen kaum mit diesem Zustand umzugehen. Man kann das schlecht beschreiben. Die denken vermutlich irrtümlicherweise, sie haben es bei Rolf nun mit einem kleinen Kind zu tun. Mein Mann meint dazu, dass es richtig komisch ist und auch verletzend, wenn man von anderen so behandelt wird.

Andererseits wird Rolfs Zustand oft am äußeren Auftreten und an seiner Erscheinung festgemacht. Die leichte Behinderung beim Fortbewegen - und sonst ist doch alles gut! Die kognitiven Dinge merken manche überhaupt nicht (was wiederum in einigen Fällen ganz gut ist!).

***

Rolf bekam übrigens von der Kasse einen Rollstuhl. Einmal saß er auch drin, aber ich transportierte das Gerät schließlich in den Keller, weil er ihn nicht mehr benötigte - etwas, das er sich erkämpfte - einfach ein schöner Erfolg!
Wenn wir irgendwohin los wollen, steht Rolf zunächst ewig herum und läuft noch dreimal im Kreis wie ein Dreh-rum-bum. Folglich dauert oft alles so furchtbar lange ...
Das hängt aber auch damit zusammen, dass er mit vielem vorsichtiger sein muss und deswegen verstärkt aufpasst. Und das kostet zusätzlich Zeit. Aus dieser Situation mit dem Neglect muss man schlicht das Beste machen - da hilft nichts.
Wir sind jetzt in der Lage, ein fast normales Leben zu führen. Rolf kann herumlaufen, verschiedene Haushalttätigkeiten übernehmen - und allein zur Toilette gehen, was ja auch wichtig ist.

***

An die erste Zeit nach dem Schlaganfall, als Rolf aus dem Krankenhaus zurückkehrte, denke ich in mancher Hinsicht nicht gerne zurück.
Ich ging immer ungefähr sieben Uhr aus dem Haus bis meistens gegen vier.
Da kam es anfangs oft vor, dass er nachmittags noch genauso in der Stube saß wie früh, als ich die Wohnung verließ. Am Morgen hatte ich ihm sein Essen zubereitet, die Brötchen geschmiert und alles auf ein Tablett gestellt. Beim Heimkommen bot sich in der ersten Zeit dieses Bild: Das Frühstück stand nach wie vor auf

dem Tisch, und auch die Kaffeetasse suchte vergeblich den Weg zum Aufwasch. Unsere Katze zeigte keinerlei Interesse für den immer noch vollen Frühstückstisch!
Da wurde mir klar: Im Laufe des Tages hatte er schlicht und ergreifend nichts gemacht, und so platzte mir irgendwann einmal der Kragen: »Das ist doch unmöglich: Du sitzt die gesamte Zeit hier herum und starrst ausschließlich in die Röhre! Was soll denn das!! Reiß dich gefälligst zusammen!«
Zum Glück war das keine lange Phase.
Es kam in dieser Hinsicht auch durch die Therapien ein gewisser Schub. Man unterhielt sich über Verschiedenes und unternahm einiges gegen Missstände.
Rolf bekommt sein Mittagessen von der AWO. Damit wird mir eine Sorge genommen, und ich muss mich abends nicht hinstellen und etwas kochen.
Dann gibt es viele Bekannte. Jeden Tag geht er beispielsweise mit jemandem Kaffeetrinken, oder er sitzt mit irgendjemandem zum Quatschen auf dem Balkon, wenn ich nach Hause komme.

***

Rolf:
Es gestaltete sich zum Beispiel äußerst interessant für alle Beteiligten, als ich zusammen mit einer anderen Person als »Lehrbeispiel« in einer Schule auftrat, als das Thema Schlaganfall behandelt wurde. Neben der Theorie, die die Lernenden dort vermittelt bekamen, konnte ich von der »realen Seite« direkt berichten und auf Fragen antworten. Das kam überaus gut an.
Ich unterhalte auch noch Kontakt zu meinen Kollegen von der Polizei. Da gibt es ab und zu ein Treffen, bei dem man sich austauscht über alles Mögliche. So bin ich wenigstens nicht »ganz raus«.
Tagsüber finden, über die Woche verteilt, verschiedene Therapien (Ergotherapie und Physiotherapie) statt. Mit der Kranken-

kasse gibt es da keine Probleme. Und diese Heilbehandlungen helfen auch - jedoch: mitmachen muss man schon!!
Und was ist aus unserem Garten geworden? Klar, infolge meines Schlaganfalls konnte ich dort kaum mehr etwas machen, zumal die Parzelle Hanglage hat. Der Sohn baute damals noch eine Treppe und kümmerte sich nach Möglichkeit sonst. Für Barbara wurde das zu viel.
So geriet der Garten durch dieses Geschehen allmählich ins Hintertreffen. Er konnte nicht genügend gepflegt werden und begann zu verwildern. Wir versuchten es über eine Ausschreibung, ihn zu verkaufen. Ergebnis: Mögliche Interessenten zogen sich wieder zurück, weil das für sie zu viel Arbeit bedeutete. Schließlich fanden wir einen Bekannten mit Sinn und Interesse für einen Garten; also verschenkten wir an ihn unsere Parzelle.
Außerdem bekomme ich von meiner Frau auch immer kleine Aufgaben im Haushalt, zum Beispiel die Spülmaschine ausräumen, staubsaugen und was so ein Einarmiger sonst noch alles machen kann.
Oder ich hole Barbara einfach einmal von der Arbeit ab; das ist ebenfalls eine schöne Überraschung!

Seit dem Schlaganfall sind inzwischen ungefähr fünf Jahre vergangen.

Ich bin praktisch täglich auf Achse. Zum Beispiel betätige ich mich häufig im hiesigen Selbsthilfeverein, bin dort inzwischen im Vorstand. Jeden Tag gibt es etwas Neues zu tun.

Man verliert nie die Hoffnung auf irgendwelche Verbesserungen; schließlich könnte »rein zufällig« noch irgendetwas mit dem Arm oder mit der Hand oder was auch sonst besser werden. Garantien dafür kann einem jedoch keiner geben.

Doch man muss weiterhin immer dranbleiben und etwas tun.

Jeder noch so kleine Erfolg gibt mir recht dabei!

Silke M.
geb. 1964, Maschinenbauzeichnerin
verheiratet
Steve, der Sohn

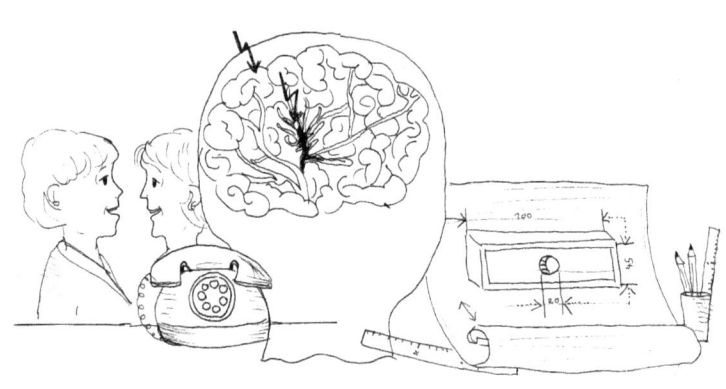

»Als ich aus unserem Auto stieg, stand ich vor einem Haus. Ich sah es und wusste, dass ich hier in der fünften Etage wohne.
Ich konnte es zu dieser Zeit noch nicht richtig sagen, aber ich war in der Lage zu zeigen, dass das unsere Wohnung ist dort oben.«

Silke:
Ich bin seit über dreißig Jahren glücklich verheiratet und habe einen erwachsenen Sohn, der sich gerade in seiner Ausbildungsphase zum Rechtspfleger befindet.
Zunächst lernte ich Maschinenbauzeichnerin in einer vogtländischen Kleinstadt. Dort wurde es mir aber auf die Dauer langweilig, und ich dachte mir: ›Ich will jetzt etwas anderes versuchen!‹
Mein Schwager gab mir den Tipp: »Da probiere dein Glück doch mal bei der Bahn!« 1985 bewarb ich mich hier am Ort im Bahnbetriebswerk. Damals in der Lehre hatte ich auch Maschine schreiben gelernt. Und so begann ich nun als eine Art Sekretärin. Es gefiel mir, immer von netten Leute umgeben zu sein.
Zur Zeit der Wende fing ich an, mich mit Fragen und Problemen des Betriebsrates zu befassen. In diesem Zusammenhang musste ich einiges dazulernen, zum Beispiel Rhetorik und Arbeitsrecht, alles recht interessant. Es gefiel mir gut, bei der Gelegenheit eine Menge neuer Dinge mitzubekommen.
Das Bahnbetriebswerk, der Ort meiner Beschäftigung, wurde jedoch leider im Jahre 1999 geschlossen, und ich fragte mich: Wo sollte ich jetzt hin?
Es gab das Angebot, dass einige Leute gen Niedersachsen wechseln könnten. Sicher findet man schon wieder Arbeit an einem neuen Ort, aber eben irgendetwas. Es ist auch nicht der kürzeste Weg von hier bis dorthin. Also forschte ich nach einer anderen Möglichkeit.
Ich fand nach einigem Suchen glücklicherweise eine Stelle in einem größeren, nicht zu weit entfernten Ort. Das war eine Tätigkeit in der Materialwirtschaft. Täglich musste ich früh von meinem Heimatort bis zum Arbeitsort eine gute Stunde mit dem Zug fahren.
Das Verhältnis zu den Kollegen war anders im Vergleich zu vorher. Ich kannte es ursprünglich so, dass jeder für jeden da war. Das gab es hier leider kaum.

Ich suchte weitere Alternativen und stellte nach rund einem Jahr fest, dass eine freie Stelle in einem bayrischen Ort existierte, näher am Zuhause als die gegenwärtige Arbeitsstelle. Dort bewarb ich mich, und zu meiner großen Freude wurde ich im Herbst 2000 angenommen.

Es machte sich für mich ein völliges Umlernen zur Materialdisponentin erforderlich. Ich avancierte quasi zur Lagerchefin, kaufte zum Beispiel Motoren und Fenster ein oder was eben für Züge sonst noch gebraucht wurde. In diesem Sinne konnte ich mich gleichsam als Millionärin bezeichnen, denn über meinen Tisch ging so eine Menge Geld. Der Job erschien mir jetzt als der schönste von allen. Es bereitete mir richtiggehend Vergnügen, dort zu arbeiten. Dazu kam, dass die freundlichen Kollegen auch jeden Spaß mitmachten.

Das hätte gerne noch lange so weitergehen können. Dann nahte jedoch jener Tag im Januar 2010. Es handelte sich zunächst um einen gewöhnlichen Arbeitstag. Ich fuhr früh um halb sechs an den Arbeitsort, wie sonst immer gemeinsam mit ein paar Kollegen.

Dann kam mir die Idee, erst noch zum Bäcker zu gehen, um allen etwas Leckeres mitzubringen; darüber würden sie sich freuen. Also begab ich mich dorthin, und die Jungs schritten inzwischen weiter. Als ich nach dem Einkauf hinterherlief und versuchte, die anderen einzuholen, da fiel ich plötzlich unvermittelt um, einfach so.

***

In meinem Kopf platzte ein Aneurysma. Aneurysma - das endet bei jedem Zweiten tödlich, und jeder Dritte behält bleibende neurologische Schäden zurück. Ein Prozent kann laut Statistik von Glück sagen. Bei mir handelte es sich um eine solche »Einprozent-Kandidatin« mit einer Chance auf ein »neues Leben«.

Ohnmächtig lag ich also an diesem Morgen auf dem Weg, und ein Kollege fand mich - glücklicherweise. Der Notarzt kam und dachte gleich an ein Aneurysma. Vermutlich hatte ich ein Riesenglück, dass es sich beim Arzt um einen Neurologen handelte.
Man brachte mich in ein bayrisches Klinikum, wo ich so bald wie möglich operiert wurde. Die OP dauerte ziemlich lange, mehr als sieben Stunden.
Danach lag ich etwa vier Wochen im Koma, erzählte man mir später. Mein Mann und mein Sohn sahen mich währenddessen nur so herumliegen. Ich hatte eine Glatze, und ein Drittel der Schädelplatte fehlte.
Trotzdem hatte ich wieder Glück: Als ich nach dieser langen Zeit die Augen öffnete, konnte ich die Umwelt erkennen. Das klingt so furchtbar selbstverständlich - jedoch in dem Moment grenzte es an ein kleines Wunder! Andererseits: sprechen oder laufen - Fehlanzeige!
Aber ich k o n n t e sehen, wenigstens das!
Während der nächsten Wochen gelang es mir, wieder etwas zu sagen. »Etwas« heißt: Ich sprach einfache Worte aus. Was genau, das habe ich inzwischen vergessen. Auf alle Fälle muss es ähnlich wie bei einem Kleinkind gewesen sein.
Durch die Schädigung des Gehirns funktionierte bei mir auch das Gedächtnis noch nicht so richtig. Ich stellte mitunter fest, dass mir Erinnerungen und Wegbeschreibungen fehlten.
In dieser bayrischen Klinik erlernte ich das Laufen neu. Ich hatte wiederholt Glück, denn einen reichlichen Monat nach meinem Unfall konnte ich schon den Rollstuhl beiseitestellen und eigene Schritte machen.
Zwei Wochen später folgte eine weitere OP, bei der mir der Schädel wieder »geschlossen« wurde. Die nächste glückliche Fügung: Bei dieser Operation verlief alles, wie es sollte - nämlich gut.

Da bei den Haaren auf meinem Kopf noch großer Bedarf beim Nachwachsen bestand, brachten mir meine beiden Männer (Mann und Sohn) ein Kopftuch mit, damit ich nicht als Glatzkopf zu Hause auftauchte. Dann hieß es nach acht Wochen endlich: Heimkehr!
Als ich aus unserem Auto stieg, stand ich vor einem Haus. Ich sah es und wusste, dass ich hier in der fünften Etage wohne. Ich konnte es zu dieser Zeit noch nicht richtig sagen, aber ich war in der Lage zu zeigen, dass das unsere Wohnung ist dort oben. Damit war ich endlich zu Hause angekommen!!

***

Wie ging es weiter?
Bald folgte die Reha. In diesen Wochen gab es viele Dinge, die ich lernte - besser: wieder neu lernte. Man übte mit mir das Laufen, das Schreiben und das Sprechen. Alles normalerweise Selbstverständlichkeiten - jedoch nicht in meiner Situation.
Als ich nach Hause kam, musste ich weiter trainieren. Dafür gab es Logopädie, Ergotherapie und Physiotherapie. Durch das ständige Üben ging es mir immer besser. Ich lernte zum Beispiel erneut, richtig zu schreiben. Das gefiel mir besonders, weil es einen Weg zur Verständigung darstellte.
Nun konnte ich wieder vieles allein bewältigen, worüber sich mein Mann, die gesamte Familie und die Freunde außerordentlich freuten.
2011 funktionierte inzwischen das Gedächtnis wesentlich besser, was ich daran merkte, dass eine Reihe Erinnerungen zurückkehrten. Ich stellte fest: Wieder handelte es sich um einen Glücksfall!
Mittlerweile verspürte ich jedoch auch eine zunehmende Langeweile.
Ich nannte mich »Rentnerin«, eine Bezeichnung, die ich an und für sich erst für spätere Jahre vorgesehen hatte. Jedenfalls verfügte ich über jede Menge freie Zeit ...

Ich putzte unsere Wohnung, ging einkaufen, übte laufen, übte bei den verschiedenen Therapien und übte am Laptop. Mir erschien das jedoch zu wenig. Vor allem empfand ich es als belastend, nicht mit den Kollegen zusammen zu arbeiten.
Ich fragte bei meiner Knappschaft nach und bekam eine Reha genehmigt. Ein Teil dieser Reha nannte sich »medizinisch-beruflich«. Das gefiel mir äußerst gut - wieder tätig sein zu können und Leute um mich herum zu haben.
Danach klappte etwas, was ich mir intensiv gewünscht hatte: Ich durfte in meinem Betrieb bei der Bahn mit der Wiedereingliederung starten. Da ich früher Materialdisponentin gewesen war, fing ich wieder im Lager an. Mir tat es richtig gut, bei den Kollegen zu sein.
Ich begann im Januar 2012 am Tag zwei Stunden zu arbeiten, im Februar wurden es drei, im März vier Stunden. Im April merkte ich endgültig: Fünf Stunden täglich wurden ohne Zweifel zu viel. Unglaublich, aber wahr! Nach der Arbeit fühlte ich eine unbändige Müdigkeit. Ich musste mich hinlegen und schlief sofort fest ein. Der Körper benötigte einfach eine Ruhephase.
Bei der Wiedereingliederung setzte man deswegen die Stundenzahl zurück auf vier Stunden. Diese Phase war Ende Juni 2012 beendet. Nach der dann folgenden Untersuchung sagte man mir, ich solle bis 2015 erst einmal Rentnerin bleiben, weil mein Körper nicht ganz gesund wäre. Ich würde einige Zeit benötigen, um fit zu werden, damit ich die normalen Belastungen vielleicht wieder aushalten könne.
Und so kam erneut die Langeweile. Als Rentnerin durfte ich zwei Stunden täglich arbeiten, und ich versuchte irgendeinen Job zu finden. Natürlich fand ich keinen. Das Einzige, was ich jetzt unternehmen konnte, war eine ehrenamtliche Tätigkeit bei der Lebenshilfe. In einem Wohnheim beschäftigte ich mich mit Schwerbehinderten, las ihnen etwas vor und räumte mit ihnen die Zimmer auf.

***

Im Herbst des Jahres passierte es wieder - wie damals im Januar 2010.
Ich wurde ohnmächtig, fiel einfach hin, ... und man fand mich. Nach der Bewusstlosigkeit öffnete ich die Augen - und erblickte meinen Mann! Von der Stirn rann Blut, wovon ich selbst nichts merkte, und mir war richtig schlecht. Mein Mann sagte, ich wäre nach vorn an die Kommode gestürzt und dann nach hinten gefallen. Über dem rechten Auge hatte ich ein »Riesen-Horn«, welches blutete. Der sofort verständigte Notarzt traf zehn Minuten später ein.
Es war mitten in der Nacht an diesem Mittwoch. Man fuhr mich umgehend in die Klinik. Zum Glück reichte es aus, die Kopfwunde mit Pflastern zu versorgen, denn sie brauchte nicht genäht zu werden. Als ich zu guter Letzt gegen halb vier Uhr morgens endlich versorgt war, brachte man mich in ein Krankenzimmer, und dort konnte ich endlich schlafen.
Ich wurde in der nächsten Zeit intensiv untersucht: MRT, EKG, EEG ... Und ich hatte wieder Glück. Alles war okay bei mir.
Mein Arzt sprach von einem Kreislaufkollaps. In diesem Sommer erwischte es übrigens einige Leute mit so etwas, nicht nur mich. Ein Grund war vermutlich die große Hitze. Der Mediziner meinte, Stress und übermäßige Wärme wären dafür oft verantwortlich.
Danach beendete ich die Arbeit im Behindertenwohnheim, weil ich merkte, dass das eine seelische Belastung für mich darstellte. Ich fand eine Möglichkeit, im Blinden- und Sehschwachenverband ehrenamtlich zu helfen. Hier war ich wieder in meinem Element. Ich sortierte Rechnungen, ordnete Zeitungsartikel chronologisch (damit sie den Blinden als Hörausgabe vermittelt werden konnten), kopierte viel und hatte jede Menge Büroarbeit. Diese Arbeit befriedigte mich jedoch auf Dauer auch nicht, denn hier fehlte mir sehr die soziale Bindung.

Seit einiger Zeit wusste ich vom hiesigen Selbsthilfeverein. Ich besuchte verschiedene vom Verein organisierte Veranstaltungen und fand Kontakt zur Selbsthilfegruppe bei uns im Ort. Hier treffe ich Menschen, die ein ähnliches Schicksal durchlebt haben und die Ratgeber und Zuhörer sein können. Man fühlt sich innerlich verbunden.

***

War das damals irgendwie absehbar, was auf mich zukam, oder passierte es aus heiterem Himmel?
Oft sagt man sich in so einem Fall: Da musste ja ein Zusammenbruch kommen! Aber nein, das würde ich nicht sagen. Alles kam völlig überraschend. Ich wusste, dass jedes Jahr im Dezember mein Arbeitsstress besonders hoch ist, aufgrund der Abrechnungen und der Revision. Zu dieser Zeit hatte ich also immer ganz schön zu tun und war auch mitunter geschafft. Doch deswegen verspürte ich kaum Kopfschmerzen und so machte ich mir darüber wenig Gedanken.

***

Was ist jetzt anders?
Viel mehr weiß ich es jetzt zu schätzen, dass ich laufen und reden, sehen und hören kann und weitere solche »Selbstverständlichkeiten«.
Ich möchte noch flüssiger lesen, schreiben und sprechen können. Das Gedächtnis soll wieder ganz funktionieren.
Manchmal muss ich Leute, die sich in schnellem Tempo mit mir unterhalten wollen, auf meine Aphasie hinweisen mit der Bitte, das langsamer anzugehen.
Überdies konnte es vor einiger Zeit auch vorkommen, dass andere mit mir redeten wie mit einem kleinen Kind; eine äußerst eigenartige Erfahrung.

***

Was mir am meisten half, wieder auf die Beine zu kommen?
Ganz sicher meine Familie und die guten Freunde! Ich stelle da im Grunde kaum Veränderungen fest, alle kümmern sich nach wie vor um mich, und wir haben viel Spaß miteinander. Die Bekannten nehmen mich öfter irgendwohin mit, und es gibt viele Besuche.
Bis auf eine Freundin, die die Freundschaft beendete. Sie schrieb mir einmal, dass sie mit all dem in keiner Weise mehr klar käme und sie das Elend schwer ertragen könne.

***

Was mache ich anders als früher?
Es ist zweifellos schlimm, dass ich meinen bisherigen Beruf nicht mehr ausüben kann. Ich musste mir das alles gründlich durch den Kopf gehen lassen und es schließlich akzeptieren. Es blieb mir ja nichts weiter übrig, obwohl solche Gedankengänge alles andere als einfach sind.
Seit sich das mit dem Aneurysma in mein Leben gedrängt hat, musste ich viele neue Erfahrungen sammeln. Ich konnte mich von ganz unten wieder allmählich weiter nach oben arbeiten.
Und so wie es ist, ist es in Ordnung.
Unterstützt werde ich in jeder Weise von meiner Familie und guten Freunden. Und der Kontakt zu den Kollegen, der nicht abgerissen ist - das tut richtig gut.
Ich lernte, mich einfach am Leben zu erfreuen. Früher legte ich mehr Wert auf materielle Dinge, bestimmt mitunter zu viel. Jetzt genieße ich den Tag, die Zeit, die Natur, das Gefühl ...
Eben alles.
Noch etwas: Es gibt seit 2010 einen zweiten Geburtstag im Jahr für mich: Es handelt sich dabei um den Tag, als ich damals aus dem Koma erwachte.

Steve, der Sohn:
Im Januar 2010 fuhr Mutter auf Arbeit mit dem Zug wie sonst auch immer. Als Materialdisponentin bei der Deutschen Bahn schleppte sie buchstäblich eine große Menge Verantwortung mit sich herum. Diese Tätigkeit machte ihr großen Spaß, und sie ging darin auf.
Früh halb neun an diesem Tag bekam ich die überraschende Mitteilung, ihr wäre auf dem Bahnhof plötzlich schlecht geworden, und sie sei infolgedessen einfach umgefallen.
Ich befand mich eben am Flughafen, vor einer Dienstreise, und da dachte ich noch: Jetzt guckst du mal schnell nach, was denn nun los ist; es wird ja nichts weiter sein ...
Wenn ich heute so darüber nachdenke: Da gab es vorher keinerlei Anzeichen. Sie hatte höchstens ab und an Kopfschmerzen. Aber das haben wohl viele - wie das halt so ist, besonders in Zeiten, wenn die Arbeit recht anstrengt.
Sie hatte übrigens großes Glück, dass der gerufene Notarzt sofort erkannte, was los war, und umgehend entsprechende Maßnahmen einleitete.
Innerhalb einer Dreiviertelstunde wurde sie dann ganz schnell über die Autobahn ins nächstgelegene Klinikum gebracht und anderthalb Stunden später bereits notoperiert.
Im Grunde bin ich sogar erleichtert, dass es dort passierte und nicht zu Hause. Als Angehöriger ist man unter Umständen hilflos und kann nicht mehr machen als ein Glas Wasser geben und dann den Notarzt rufen und das hoffentlich schnell genug. Wer weiß in solchen Momenten gleich, wie er richtig handeln muss?! Da gibt es Nachholebedarf, muss ich einschätzen.
Von diesen dramatischen Vorgängen waren Vater und ich logischerweise schockiert. Als ich im Krankenhaus eintraf - es war unmittelbar vor der OP - wirkte sie fast zufrieden. Ihr Kopf sah irgendwie angeschwollen aus. Nach der OP lag sie mehrere Wochen im Koma.

Die Prognose war überhaupt nicht gut: Wenn sie aufwachen würde, dann müsse man mit schwersten neurologischen Schäden rechnen - sowohl geistig als auch körperlich.
Nach einem Monat wachte sie endlich auf - so langsam und Stück für Stück, wie man das in ähnlicher Weise von Michael Schumacher hörte. Erst bewegte sich ein Finger, dann die Hand, dann ...
Anschließend ging der »Tanz« los: Krankenhaus, Reha-Maßnahmen ...
Es tauchten allmählich allerlei Fragen auf, die dahin mündeten: Was macht Sinn, was keinen mehr? Diese Diskussionen kann ich bis heute nicht verstehen. Egal, wie schlimm es ist - es macht immer einen Sinn - schließlich weiß keiner, welche Erfolge eventuell doch in Aussicht sind! Daran darf es also nicht scheitern. Zuweilen werden dann wirtschaftliche Aspekte ins Feld geführt ...
Als Angehöriger fällt es mir schwer, hier Verständnis aufzubringen. Mir ist das jedenfalls nie gelungen.

***

Wenn ich zurückdenke an die Zeit, als Mutter wieder nach Hause zurückgekehrt war, da frage ich mich heute noch:
Wie haben wir das nur überstanden?!
Als wir sie aus dem Krankenhaus abgeholt hatten, fuhren wir auf dem schnellsten Weg nach Hause. Wie sie hier aus dem Auto stieg, an unserem Haus hochblickte - was mag sie da wohl gedacht haben?? Auf alle Fälle trat etwas ein, was keiner erwartet hatte, und zwar entgegen allen negativen Vorhersagen: Sie stieg allein die Treppen hoch bis zu unserer Wohnung, welche sich immerhin in der fünften Etage befindet ... Ich fand das einfach nur beeindruckend und war von Stolz erfüllt. Genauso ging es meinem Vater, der ebenso verblüfft war.

Diese Begebenheit hat mir sehr geholfen, weil hier etwas unerwartet Positives eintrat.
Mutter kämpfte sich in der Folgezeit schrittweise ins Leben zurück, so dass ich nur Respekt haben kann ob dieser Leistung. Wie sie das alles so gemeistert hat!
Im Alltag, der nun wieder folgte, traten allerdings Situationen auf, da fragte ich mich manchmal, ob ich im falschen Film sei.
Beim Kaffeemachen früh: Es war immer selbstverständlich für uns alle, die Kaffeemaschine am Ende auszuschalten. Doch nun eben nicht mehr. Entweder Mutter suchte vergeblich den Ausschalter, das war noch die bessere Variante, oder sie vergaß es ganz ...
Beim Essenkochen musste immer jemand im Hintergrund aufpassen, damit nichts anbrannte ...
Solche Sachen kamen uns mitunter sehr eigenartig vor.
Es war anfangs schwierig, sich daran zu gewöhnen, wobei es sich um Dinge handelte, mit denen man leben musste.

***

Überhaupt war das schwer: Meine Mutter hatte früher alles im Griff, konnte alles, hatte oft einen guten Rat in petto oder ein ermutigendes Wort auf den Lippen. Sie hatte sich verändert, mussten wir einfach nur feststellen.
Jetzt versteht sie manchmal nicht, was auf dem Kontoauszug steht, und verständlicherweise ist ihr es peinlich, mich deswegen anzurufen. (Ich merke auch, dass ihr das peinlich ist!). Das beschäftigt mich, und ich weiß mitunter nicht, wie ich mich verhalten soll. Manchmal packt mich da ein grenzenloser Zorn über diese Situation, aber was hilft denn das!?
Ich schwanke dann immer zwischen Ohnmacht und Wut, dass ich ihr nicht helfen kann.

***

Zur Unterstützung bekam sie in der Folgezeit zwei Reha-Aufenthalte; und wir alle waren sehr zufrieden mit dem Ergebnis. Meine Mutter profitierte von den dort angebotenen Maßnahmen dadurch, dass sie sie voll nutzte.

Zu Hause ging der Kampf weiter mit Logopädie und Ergotherapie, im Schnitt zweimal pro Woche. Fast genauso wichtig wie die Therapien ist Folgendes: Man sollte selbst weiterüben, denn die Therapien kann man auch als eine Art Hilfe zur Selbsthilfe betrachten.

Auf die Dauer kostet das oft viel Kraft und erfordert Durchhaltevermögen und Ausdauer. Da sollte man den Gedanken »ich habe keine Lust mehr« gar nicht erst aufkommen lassen, sondern immer weiter »dranbleiben«.

***

Wie schätze ich das alles gegenwärtig ein? Ich meine, dass ich bisher alles recht gut im Griff hatte - das kann ich jetzt überhaupt nicht mehr behaupten; da ist einiges aus dem Gleichgewicht geraten.

Seit 2010 hat sich vieles geändert, insbesondere die Prioritäten. Man freut sich jetzt über ganz andere Dinge, die zuvor absolut nicht wichtig waren, an die man gar nicht dachte.

Was manche grenzenlos aufregt, kann ich jetzt manchmal nicht mehr verstehen.

Das gesamte Geschehen war einschneidend für jeden. Ich würde es am liebsten manchmal ändern wollen, einfach »wegdenken« oder die Zeit zurückspulen.

Andererseits gibt es mir Kraft, wenn ich sehe, wie meine Mutter das so bewältigt. Egal, wie schlecht manches ist - ich finde toll, wie sie das alles macht. Mutter war und ist meine beste Freundin, daran hat sich nichts geändert.

Aber natürlich ist trotzdem einiges anders, einfach aufgrund der Umstände.

Ich habe keine Musterlösung, denn es gibt leider keine Regel, wie ein Sohn mit so etwas zurechtkommen soll.

Der Muttertag - an dem ich mir früher immer Mühe geben musste, dass ich das »Anstandsgratulieren« auch nicht vergaß! - erhält nun einen ganz neuen Stellenwert.

Jaja - wenn man einmal jemanden gewissermaßen verloren hat und bekommt ihn wieder, dann ist das eine völlig neue Dimension. Man darf im Übrigen nicht krampfhaft versuchen, alles zurückzuholen, sondern man muss den »neuen Menschen« akzeptieren!

Eines ist mir auf alle Fälle viel, viel wichtiger geworden: dass wir als Familie möglichst viel Zeit miteinander verbringen.

Wenn ich die Zeit vor dem Unglück und die danach vergleiche - ich komme ständig zu der Feststellung:

Nichts ist mehr so, wie es war.

Bis hin zu der Tatsache, dass wir aufmerksamer miteinander umgehen und dass wir fester zusammenhalten.

Wolfgang A.
geb. 1950, Fliesenleger
verheiratet, ein Kind

»Immer wieder versuchte ich diesen eigenartigen
Vorhang wegzuwischen,
jedoch das gelang mir nicht.«

Seit 1965 bin ich im Baugewerbe tätig. Auch nach der Wende arbeitete ich in mehreren kleinen Baufirmen, bis ich vor drei Jahren in Rente ging.
So baute ich im Laufe der Zeit gemeinsam mit anderen einige Häuser, sowohl in der Arbeitszeit als auch auf Bitten nach Feierabend.

***

Am Ostersonntag des Jahres 2015 fuhr ich zunächst meine Frau, die im Gaststättengewerbe tätig ist, auf Arbeit. Wieder heimgekehrt, setzte ich mich an den Küchentisch. Als ich so in mich hineinhorchte, verspürte ich ein eigenartiges Taubheitsgefühl, wie so eine Art Kribbeln. Was war denn das, das kannte ich doch gar nicht?! Schnell stand ich auf, in der Erwartung, dass sich diese Erscheinung als Einbildung herausstellen und vergehen würde. Aber nein, dem war nicht so!
Kurzerhand machte ich mich auf zu meinem Kumpel, der nicht weit entfernt wohnte. Der lauschte meiner Schilderung, schaute mich prüfend an und meinte dann: »Da gibt es eigentlich nur eins: Schnell handeln! Ab mit dir ins Krankenhaus!«
Ich selbst wusste überhaupt nicht, was ich davon halten sollte. Also folgte ich meinem Freund, der mich mit dem Auto in die Klinik brachte. So etwas wie einen eigenen Willen besaß ich sowieso nicht mehr, ich ließ alles mit mir geschehen. Gewissermaßen war ich wie weggetreten.
Nach der Behandlung brachte er mich wieder heim.
Als meine Frau am Nachmittag nach Hause kam, war ich inzwischen einigermaßen beisammen im Kopf. Jedoch stellte ich fest, dass mir die linke Körperhälfte erschien wie ein Balken. Auf dieser Seite war gewissermaßen alles wie weg. Links konnte ich eigenartigerweise auch nichts sehen. Immer wieder versuchte ich diesen eigenartigen Vorhang wegzuwischen, jedoch das gelang mir nicht.

***

Einen Tag später fand mich mein Schwager zufällig und unvermittelt in der Schlafstube liegend. Meine Familie sorgte dafür, dass ich umgehend wieder ins Krankenhaus gelangte. Messungen ergaben, dass mein Blutdruck viel zu hoch war - weit über 190. Das sah übrigens in den Folgetagen ähnlich aus: Der erste Zahlenwert lautete 160 - 165 - 190 - und höher. Das ging drei Tage lang so, und ich bekam eine Menge Tabletten dagegen.
Ich musste im Krankenhaus bleiben, und es wurden in diesen Tagen zahlreiche Untersuchungen mit mir durchgeführt. Als Ergebnis kristallisierte sich heraus, dass es sich um einen Schlaganfall gehandelt hatte.
Na, und jetzt?? Was bedeutete das eigentlich, fragte ich mich?!
Während ich einige Tage im Bett zubringen musste, ohne aufstehen zu können, ergab sich genügend Zeit zum Nachdenken, wie das gekommen wäre. Stress sah ich auf alle Fälle als eine Ursache an, Stress und Ärger.
Zwei Häuser hatte ich in den letzten Wochen mitgebaut, das alles für »einen Appel und ein Ei«, und hinterher bekam ich sozusagen in den Hintern getreten, als Dank ...
»Tue niemandem etwas Gutes, damit dir nichts Schlechtes geschieht.« Dieser Spruch ist ja allgemein bekannt. Wie wahr.
Am zweiten Tag im Krankenhaus konnte ich wieder die Augen bewegen und so wenigstens meiner Umwelt Zeichen geben.
Außerdem übte ein Physiotherapeut regelmäßig mit mir. Füße raus - Beine hoch - Zehen kreisen und Ähnliches.
An den weiteren Tagen wiederholten sich diese Übungen und wurden ausgebaut.
Der Arzt, der am Donnerstag früh kam, sagte kurzerhand zu mir: »Los, versuchen Sie aufzustehen und zu laufen!« Das tat ich, ganz einfach (!), was denn sonst! Ich freute mich wahnsinnig, dass es tatsächlich funktionierte.

Die Therapeuten stützten mich zwar anfangs beim Laufen, aber sie brauchten mich dann immer weniger festzuhalten.
Am vierten Tag lief ich unterdessen allein - à la bonne heure!
Bei meinen »Spaziergängen« begegnete ich einem Therapeuten, und der fragte mich: »Wohin des Wegs, Herr A.?«
Ich antwortete zu seiner Verwunderung und natürlich zur Freude: »Na, die Treppe hinunter, wohin denn sonst!«

***

Mein Bettnachbar im Krankenzimmer war übrigens zuckerkrank. Da gab es eines Tages einen Riesenzirkus; es erschienen auf einmal eine Menge Ärzte und Schwestern. Ich - raus, nachgucken, was da los war.
Im Nachhinein stellte sich heraus: Er hatte die falschen Blutdrucktabletten bekommen - nicht zu ahnen! Zum Glück überlebte er diesen bedauerlichen Irrtum. Ein Grund für den Vorfall könnte auch sein, dass es sich bei den Schwestern zum großen Teil um Ausländerinnen handelte und sie irgendetwas nicht gelesen oder falsch aufgefasst hatten. Aber das darf sich nicht auf die medizinische Behandlung auswirken und schon gar nicht auf diese Art und Weise!

***

Mitte April folgte der Krankenhauszeit ein Reha-Aufenthalt, geplant mit fünf Wochen.
Wegen meines hohen Blutdrucks, der damals aufgetreten war, wurde dieser selbstverständlich regelmäßig kontrolliert.
Angefertigt wurde auch ein Langzeit-EKG über vierundzwanzig Stunden.
Nach drei Wochen entließ ich mich jedoch kurzerhand selbst. Wieso?! Weil da einfach nichts mehr passierte! Man erwartet doch, wenn man zu so einem Aufenthalt kommt, dass etwas un-

ternommen wird (und das möglichst häufig), damit sich dadurch der eigene unbefriedigende Zustand bessert.
Einige Beispiele: Eines Tages war bei mir mittags um 12.30 Uhr Wassergymnastik vorgesehen. Also begab ich mich hinunter in den Warteraum fürs Bad. Nach fast einer ganzen Stunde bekam ich einen Wink, der unmissverständlich »Raus!« bedeutete. Ich wollte etwas anmerken - das ging jedoch nicht, denn die Frau war schon wieder weg. Da kehrte ich eben zurück auf mein Zimmer, was sollte ich sonst tun? Und fragte mich, was das jetzt sollte.
Plötzlich kam eine Schwester herein, schaute mich verwundert an und sagte: »Herr A., sie haben doch jetzt Wassergymnastik, wissen Sie das denn gar nicht?!«
Meine Antwort: »Ich habe eine Stunde nur gewartet, und keiner kam. Dann bin ich lediglich weggescheucht worden!«
Ähnliches passierte mir mehrmals: Ich wurde zu irgendeiner Therapie bestellt, begab mich an den ausgewiesenen Raum, wartete, wartete ... und nichts geschah mit mir. Keiner holte mich ab. Logisch, dass ich dann eben einfach fortging! In dem einen Fall stellte sich heraus, dass der Arzt bzw. Therapeut schon fort war, übrigens nicht nur einmal. Konnte da nicht eine Schwester oder irgendwer anrufen und mir Bescheid sagen??
Aber es gab auch die bessere Variante, dass alles wunderbar lief. Der eine Therapeut sagte zu mir: »Ich klingele Sie an, wenn ich da bin, und dann beginnen wir sofort!« Der Termin war zum Beispiel festgelegt auf um zehn, und um zehn war ich selbstverständlich da. Er rief mich herein und begann mit der Therapie. Auf diese Weise klappte es einwandfrei - bis zu dem Zeitpunkt, als dieser Therapeut krank wurde. Prompt begannen die leidigen Probleme von neuem.
Als mich wieder einmal eine Schwester an mein scheinbares Versäumnis erinnern wollte und zu mir meinte: »Sie haben doch

jetzt Therapie, was machen Sie denn noch hier?«, antwortete ich: »Ja, was Sie da sagen, war vor zwei Stunden richtig!«
Ein anderes Mal musste ich zu einem Arzt, bei dem war ich bestellt auf um drei, und meine Frau hatte mich dorthin gefahren. Um 16:30 Uhr saß ich immer noch da, inzwischen einsam und allein. Da kehrte ich wutentbrannt zurück in mein Zimmer.
Dann wiederum kam ich an eine Praktikantin, der musste ich erst einmal erklären, dass ich einen Schlaganfall hatte, deswegen zu bestimmten Dingen nicht in der Lage wäre, weil ich diese erst wieder lernen müsse. - Sie begriff während unseres Gespräches vieles, zum Beispiel, was sie machen oder was sie lieber bleiben lassen sollte. Jedoch: Wäre es nicht eigentlich andersherum richtiger? Mit mir musste doch etwas gemacht werden!
Bei dem einen Patienten, der einen Schlaganfall hatte und fast blind war, ging es ähnlich mit seinem Termin. Seine Frau war mit als Begleitperson auf dem Zimmer. Eines Tages, als seine Frau nicht da war, konnte er nicht lesen, dass er Therapie hatte. Also war er nicht da, folglich wurde er vergessen. Und nun!?
Manche Patienten sind in solchen Fällen gar nicht in der Lage zu reagieren und etwas zu unternehmen. Das sollte man auch beachten.
Bei dem, was ich während der ganzen Zeit miterlebte, erkannte ich die eigenen Probleme und Fragen wieder: Da waren Therapien angesagt, aber keiner kam, ... Schade.
An einem Sonntag während dieser Reha wurde ich zur MRT geschickt. Natürlich war während dieser Zeit gerade meine Frau zu Besuch, denn in der Woche konnte sie ja nicht kommen. Logischerweise suchte sie erst einmal lange nach mir. Früh um zehn wurde ich zu diesem Termin geholt, und nachmittags um drei war ich wieder da. Die beiderseitige Freude war selbstverständlich groß!

Das ging so lange, bis es bei mir aus war und ich meine Entlassung forderte, weil die Behandlung auf diese Weise keinen Sinn machte.

***

Bei einem Vortrag während der Reha erfuhr ich übrigens, dass ein sogenannter Hörsturz die Vorstufe für einen Schlaganfall sein könnte. Das hatte ich vorher nicht gewusst, erinnerte mich jedoch bei dieser Gelegenheit, dass drei Jahre zuvor bei mir ein solcher Hörsturz aufgetreten war. Zumindest weiß ich seit damals, dass so etwas eine typische Stresserscheinung ist.

***

Im Weiteren sorgte ich dafür, dass ich mit den Behandlungen hierher an meinen Wohnort überwiesen wurde.
Begonnen hatten diese Therapien hier Anfang Juni vorigen Jahres. Man hätte damals einschätzen können: Es ging bewegungsmäßig fast nichts. Meinen linken Arm konnte ich kaum hochheben und weder nach links noch nach rechts bewegen. Anfangs verursachte außerdem jede Bewegung höllische Schmerzen im Arm. Aber inzwischen ist das glücklicherweise Vergangenheit.
In der Folgezeit bekam ich Ergo- und Physiotherapie, anfangs jeweils zweimal wöchentlich, inzwischen jeweils einmal.
Seit dem Wechsel hierher ging es steil aufwärts.

***

Beispiel Kraftübungen bei den Therapien: Die Therapeutin schätzt ein, dass ich Kraft hätte ohne Ende, ich müsse sie nur geeignet einsetzen bzw. lernen, sie wieder richtig einzusetzen. Als eine ganz wichtige Sache sehe ich die Feinmotorik an.
Was bei den Therapien gemacht wird, was ich darf oder nicht, bekomme ich genau gesagt. Und so kann ich selbst zu Hause üben, was ich auch ausgiebig tue. Würde ich das nicht machen,

ginge einiges wieder zurück, hörte ich immer wieder aus Gesprächen heraus. Aber dazu lasse ich es nicht kommen!
Manchmal leihe ich mir auch bestimmte Geräte aus zum Üben.
Fazit: Man sollte ständig trainieren, es aber auch nicht übertreiben. Denn dann macht der Kopf gewissermaßen zu, und es hat keinen Zweck mehr.
Sehr vieles habe ich auf diesem Wege in der Ergo und in der Physio wieder gelernt.
Nach dem Schlaganfall musste ich auch intensiv an meiner Kondition arbeiten, denn da war einiges schlechter geworden. Aber durch ständiges Üben bin ich ebenfalls sehr vorangekommen, mit Unterstützung der Therapeutinnen.

Ursachen meines Schlaganfalls waren vor allem hoher Blutdruck und Stress, muss ich einschätzen.

Als ich beispielsweise in der Zeit von 2011 bis 2014 mit meinem Kumpel neben der regulären Arbeitszeit Häuser baute (mauern und Trockenbau), gab es währenddessen wirklich eine Menge Stress. Und du willst ja auch am Wochenende mal zu Hause sein!

Dann kommen leider die Konsequenzen. Man denkt: Ach, das kriege ich schon hin, jedoch irgendwann wirkt sich das leider gesundheitlich aus. Deswegen trat bei mir dieser Hörsturz auf. Außerdem war mein Blutdruck entschieden zu hoch. Nicht zu vergessen: Ich hatte Kopfschmerzen über Kopfschmerzen. Dagegen bekam ich anfangs vom Arzt Tabletten zur Genüge.

Hätten sie gleich eine MRT gemacht bei mir, dann wäre aufgefallen, dass sich die Ader zusetzt, und sicher wäre etwas dagegen unternommen worden. Hinterher ist man eben immer schlauer!

Eine ganz wichtige Erkenntnis: Um jegliche Fortschritte zu erreichen, ist immer wieder der Wille notwendig. Man muss sich ständig sagen: »Ich will! Ich will!« Und sich durchbeißen und dann auch etwas tun.

Der Arzt in der Reha bestätigte mir meine Auffassung, und er sagte mir außerdem: »Alles was negativ ist - raus damit aus der Birne, egal, was passiert!« Also gilt vor allem: Immer positiv denken! Das ist inzwischen wie ein Schalter bei mir.

Ich freue mich außerordentlich über die familiäre Unterstützung und darüber, was die Therapeutinnen leisten. So konnte ich mich aus diesem Tief ziemlich weit herausarbeiten.

Doris M.
geb. 1944, Verkäuferin
alleinstehend, keine Kinder

»Wenn ich mir den Hergang überlege, kommt mir immer wieder der Gedanke: Man geht eigentlich ins Krankenhaus, um geholfen zu bekommen, und niemals, um herauszukommen und noch kränker zu sein als vorher.«

Ich war in meiner Berufszeit als Verkäuferin tätig, hatte nach der Wende wie viele andere ständig um einen Arbeitsplatz zu kämpfen und blieb auch von der Arbeitslosigkeit nicht verschont. Mit wechselndem Erfolg bemühte ich mich immer wieder um eine Anstellung in verschiedenen Verkaufseinrichtungen und konnte schließlich mit dreiundsechzig Jahren in Rente gehen.

Ich hatte eine Wohnung in einer vogtländischen Kleinstadt und einen kleinen Garten, in dem ich viel von meiner Freizeit verbrachte.

***

Wenige Jahre Rentenzeit waren vergangen, da begannen für mich Probleme in der Weise, dass ich Schwierigkeiten beim Luftholen bekam. Wenn man, um jemand zu besuchen, drei Etagen zu bewältigen hat, und spätestens nach dem ersten Stockwerk muss man dauernd stehen bleiben, um nach Luft zu ringen, dann stellt einen das alles andere als zufrieden, oder wie!? Man sucht danach, ob einem geholfen werden kann. Das ist vollkommen normal.

Also ging ich zum Arzt, welcher feststellte, dass meine Herzklappe nicht mehr richtig funktionierte. Ich erhielt den Tipp, ein Herzzentrum aufzusuchen, was ich auch tat. Nach der dortigen Untersuchung legte man mir eine Operation nahe, um den Zustand mit der Atemnot zu verbessern.

Ich wurde also an einem der folgenden Tage an der Herzklappe operiert, im Juni des Jahres 2011.

Wie ich später erfuhr, verlief bei dem Eingriff nicht alles glatt. Ich musste zweimal wiederbelebt werden. Beim Erwachen wusste ich zunächst in keiner Weise, was überhaupt los ist. Was während und nach der Operation mit mir geschah, weiß ich bis heute kaum.

Als ungünstig erwies es sich, dass ich ausschließlich auf mich allein gestellt war und so über den Operationsverlauf nur spärliche Informationen erhielt.

Nach der Operation muss ich heftig hantiert haben und dabei überdies aus dem Bett gefallen sein. Ich soll gebissen und gekratzt haben und was weiß ich noch alles. Daraufhin und bestimmt auch zur Beruhigung versetzten mich die Ärzte ins künstliche Koma.

Danach schien es sich zu bessern mit mir. Ich kann sowieso nicht mehr sagen, ob die Komaphase eine Woche dauerte oder länger. Zeit spielte an diesem Punkt überhaupt keine Rolle.

Jedenfalls war es so schlimm mit mir, dass ich angebunden werden musste, weil ich innerlich arbeitete und äußerlich sehr mobil war, sozusagen wie eine Wilde.

Als ich aus dem Koma erwachte, ordnete ich meine Gedanken: Wo bin ich? In welcher Zeit leben wir? Und weitere solche grundsätzlichen Fragen. Ich wusste im Grunde überhaupt nichts mehr und war vollkommen durcheinander.

Wenn man im Koma liegt, dann kommen einem unter Umständen Sachen in den Sinn jenseits jeglicher Realität. Beispielsweise träumte ich, eine mir bekannte Frau sei gestorben. In Wirklichkeit lebt sie aber noch, wie ich später feststellte. Und lauter solchen Unsinn ...

Während dieser Herzoperation war offenbar auch mit der Luftröhre etwas nicht in Ordnung. Als ich danach erwachte, bemerkte ich jedenfalls, dass sie bei mir einen Luftröhrenschnitt gemacht hatten.

Ich nehme an, dass ich im Laufe der Operation keine Luft mehr bekam und sich dieser Schnitt notwendig machte. Die Konsequenz war: Ungefähr ein halbes Jahr lang konnte ich überhaupt nicht sprechen. Mir wurde schließlich eine Kanüle eingesetzt.

Insgesamt brachte ich einige Monate im Krankenhaus zu, wobei ich mehrmals operiert wurde. Letzten Endes kann ich froh sein, dass ich heute keinen Rollstuhl benötige.

Ich lebte danach in einem Heim und bekam außerdem einen Betreuer zur Seite, weil ich ja alleinstehend bin. So konnte ich nicht selbst in die Sparkasse gehen, sondern brauchte in dieser Hinsicht Hilfe. Der Betreuer wurde immer angerufen, wenn es etwas gab, wozu ich nicht allein in der Lage war.

Die ursprüngliche Wohnung musste ich aufgrund der aktuellen Ereignisse aufgeben. Das arrangierte ebenfalls der Betreuer.

In diesem Heim lebte ich insgesamt ein halbes Jahr. Während jener Phase bauten sie mich ganz schön wieder auf. Ich empfand es als äußerst angenehm, wie intensiv sich das Personal mit den Patienten beschäftigte.

Dann passierte mir erneut etwas. Es kam oft vor, dass mir nach dem Essen sehr übel wurde. Ich aß - und kurze Zeit später brachte ich es wieder heraus. Man vermutete zunächst, das läge daran, dass ich eine Sonde hatte, denn damals war bei mir künstliche Ernährung notwendig.

Als sich der geschilderte Zustand nicht bessern wollte, meinten die Ärzte, das müsse einmal untersucht werden. Es wurde unter anderem eine Computertomografie angefertigt, und dabei stellten die Ärzte einen Darmverschluss fest. Über dessen Ursachen könnte man nachdenken. Hatten die Schwestern in der Zeit, als ich im Krankenhaus lag, genügend auf den Stuhlgang geachtet?

In der folgenden Nacht gab es jedenfalls deswegen eine Notoperation. Hierbei verlief wieder nicht alles glatt. Im Ergebnis der OP stellte sich der optische Eindruck meines Bauches so dar, dass ich Monate später noch einmal zu einem anderen Arzt ging und nachfragte, ob das denn so bleiben müsse.

Als Ursache fanden die Mediziner einen Narbenbruch. Das Bindegewebe hatte das alles nicht ausgehalten, und so beulte sich der Darm an dieser Stelle aus. Folglich hätte ich jetzt ein Bruch-

band tragen sollen. Doch dann wäre es auf der anderen Seite zu großen Schwierigkeiten beim Atmen gekommen infolge der Luftröhrenprobleme.
Man schickte mich daraufhin wieder zu einem anderen Arzt. Das erste, was er fragte, als er meinen Bauch sah: »Wer hat die Operation durchgeführt?«
Er meinte später: »Ich kann Sie so keinesfalls operieren. Warum, wollen Sie wissen? Na, Ihnen wurde ein Stück Darm entfernt und ich weiß nicht, wie es da drinnen momentan aussieht. Sollte ich nun zu Werke gehen und käme es dabei zum Platzen des Organs, bedeutete das hundertprozentig Ihren Tod. Also: Wenn Sie sonst keine Schmerzen haben, bedenken Sie das gut!«
Er gab mir in diesem Gespräch einen weiteren Rat: »Lassen Sie sich bitte nicht von anderen Ärzten beeinflussen!«
Als er mich so intensiv auf die ganze Lage aufmerksam machte, dachte ich bei mir: ›Ich will ja tatsächlich noch ein Stück leben!‹
Problem: Der eine redet so, der nächste so - was sollte ich denn glauben, und vor allem: Was sollte ich tun?!

***

Die OPs erfolgten übrigens innerhalb eines Jahres, und das musste ich erst einmal verkraften, denn verständlicherweise machte mir das alles sehr zu schaffen.
Wenn ich mir den Hergang überlege, kommt mir immer wieder der Gedanke: Man geht eigentlich ins Krankenhaus, um geholfen zu bekommen, und niemals, um herauszukommen und noch kränker zu sein als vorher. Deswegen rechnete ich in keiner Weise damit, dass es mir hinterher so schlecht ginge und dass mir dadurch Probleme entstünden, von denen ich anfangs nichts ahnte.
Ursprünglich ein Herzklappenfehler ... anschließend das mit der Luftröhre ... schließlich der Darmverschluss ...

In regelmäßigen Abständen kommen die Ereignisse bei mir erneut hoch. Wenn ich mich im Spiegel ansehe, ertrage ich das bisweilen schwer und kann oft die Tränen nicht zurückhalten.
Tatsache ist, dass man sich zum großen Teil allein aus der ganzen Sache herauskämpfen muss. Des Öfteren bedeutete es, von vorn anzufangen. Schließlich gelangen mir kleine Fortschritte. Du musst nur immer an dich glauben und an dir arbeiten. Wenn man sich gehen lässt, wird gleich überhaupt nichts. Dann hat man verloren.

***

Übrigens gibt es vermutlich einen guten Grund, dass ich jetzt in der zweiten Etage wohne. In einem der schlimmen Momente damals äußerte ich: »Ihr braucht euch keine Mühe zu geben, ich bringe mich sowieso um, wenn ihr nicht da seid!«
Damit kamen sie zu der Meinung: Die Frau muss ihre Wohnung so weit unten haben wie möglich, die will sich das Leben nehmen. Diese Vermutung schwirrte ständig im Raum, und es wurde regelmäßig daraufhin kontrolliert.
Ja, ich dachte damals öfter an Selbstmord. Wenn man immer auf die Hilfe anderer angewiesen ist und keinen Ausweg sieht, dann kommen einem eben solche Gedanken.
Ein Lichtblick: Bei einer Untersuchung in der letzten Zeit meinte der Arzt: »Dass Sie jetzt so einwandfrei sprechen können, das ist ganz selten in Ihrer Situation!« Er zeigte sich äußerst zufrieden mit allem. Aber das Loch in meinem Hals konnte er trotzdem nicht schließen. Dafür war zu viel kaputt im Rachenraum.
Später kam ich zu einer weiteren Operation ins Krankenhaus, wo sie den Eingriff dennoch versuchen wollten. Das überlebte ich kaum. Warum? Weil die Wunde äußerst schlecht verheilte. Deswegen bekam ich erneut keine Luft. Zum Glück bemerkten sie es rechtzeitig - sonst wäre es vorbei gewesen mit mir.

Als ich so dort lag, vernahm ich nur, wie sie laut riefen: »Los, ganz schnell Sauerstoff!« - Anschließend brachten sie mich umgehend in den OP-Raum und öffneten das Loch im Hals wieder. Ursprünglich war es ja schon geschlossen worden. Zum Glück reagierten die Ärzte gleich, sonst wäre ich erstickt.
Später kam ich in ein anderes Heim in der Nachbarstadt. Die Schwestern kümmerten bzw. kümmern sich hier auch intensiv um mich. Am Morgen und am Abend kommt stets jemand und hilft mir mit der Kanüle.

***

Was ich jetzt nicht mehr kann: steile Berge hochlaufen. Da muss ich ständig zwischendurch anhalten. Schwer heben oder Besorgungen machen und dabei Taschen von großem Gewicht tragen, das ist auch so ein Problem. Da rufe ich immer jemanden, der mir hilft und mitgeht zum Einkaufen bzw. mich hinfährt zum Supermarkt. Nach einer halben bis drei viertel Stunde werde ich wieder abgeholt und mein Begleiter bringt das Eingekaufte zu mir heim.
Ich kann im Grunde schon schwere Sachen heben, jedoch keinesfalls weit tragen. Das ist wegen der Luft und weil das Atmen mit Belastung ein Problem ist für mich durch die Kanüle. Das funktioniert eben einmal mehr und einmal weniger gut.
Es kommt auch erheblich auf das Wetter an. Dieses darf unter keinen Umständen so nieselig sein, das ist ganz schlecht! Bei Wind muss ich aufpassen, dass die Luft keinesfalls gleich auf die Lunge geht. Es gibt für solche Fälle noch folgende Lösung: Wenn ich nach draußen gehe, binde ich ein Tuch um.
Ich kann die Kanüle neuerdings tagsüber herausmachen, und für die Nacht setze ich sie immer ein. Ich wollte das zuerst nicht selbst erledigen. Die Schwester jedoch sagte zu mir: »Los, das beherrschst du ab jetzt! Wir wollen dir doch nur helfen, los - das schaffst du in Zukunft allein!« Das war keinesfalls böse von ihr

gemeint, sondern als Schubs zum Handeln. So bedeutete das eine echte Hilfe für mich. Ich lernte, Sekret abzusaugen und die Kanüle sauber zu halten.

Probleme gibt es nur damit, wenn ich eine Grippe bekomme. Das vergangene Jahr konnte ich in dieser Hinsicht recht gut überstehen. Aber es kam schon vor, dass ich ins Krankenhaus musste für eine Woche, weil sich wegen so einer Krankheit alles entzündete. Ich muss da äußerst aufpassen.

Es kann übrigens bei einem solchen Gesundheitsproblem so sein, dass manche Personen einen eigenartig ansehen und fragen: »Was hast denn du gemacht? Das ist furchtbar!« Manche gucken dann und gucken und können überhaupt nicht mehr aufhören damit, einen anzustarren. Ich glaube, Derartiges kann niemand leiden!

Alles in allem habe ich mich im Laufe der Zeit eingerichtet, wobei ich viele Monate brauchte, um mich wieder wohlzufühlen und heimisch zu werden.

***

Nach insgesamt gut vier Jahren kann ich einschätzen, dass es mir halbwegs gut geht, und darüber bin ich froh. Vom Gedanken, mir das Leben zu nehmen, bin ich schon lange weg.

Hier im Heim konnte ich mich recht gut einleben und fand genügend Kontakte zu Bekannten und Gemeinschaften.

Die Notwendigkeit, immer weiter zu trainieren und zu kämpfen, um die eigene Lage zu verbessern, gehört inzwischen einfach zu meinem Leben!

Elke und Sven D.
geb. 1964, medizinische Schreibkraft
geb. 1963, Rohrleger
verheiratet, ein Sohn

»Manche denken dann, an so etwas ist derjenige
doch selber schuld -
aber so ist es oft überhaupt nicht!«

Wir sind seit nahezu zwanzig Jahren glücklich verheiratet und lebten längere Zeit in einem Einfamilienhaus.
Wenn man tagtäglich seinem Beruf nachgeht, dann entsteht natürlich die Vorstellung, dass es neben dem so geordneten Leben auch etwas anderes geben sollte. Zum Beispiel schwebten uns einige Reisen vor, um uns die Welt anzuschauen.

***

Elke:
Meine Krankheitsgeschichte begann im Jahr 2009.
Ich hatte eine Lungenembolie, genauer: einen Lungeninfarkt. Deswegen musste ich ins Krankenhaus. Die Ärzte stellten während der Untersuchungen ein Blutgerinnsel im Herz fest, welches mit Hilfe eines Herzkatheters operiert werden sollte.
Das alles überstand ich. Es war jedoch noch nicht vorbei, denn jetzt kamen neue unschöne Überraschungen. In dem Raum, in dem die Ärzte die weiteren medizinischen Kontrollen durchführten, passierten mir recht unerklärliche Dinge.
Die Schwestern hoben mich von der Liege, auf der ich mich erst befand, hinüber auf ein Bett. Warum wurde das gemacht? Ich hatte keine Ahnung. Da lag ich eben und dachte: ›Schön, da scheint ja gleich alles o. k. und vorbei zu sein, und ich kann endlich nach Hause!‹
Aber nein. Plötzlich war ich von mehreren Ärzten umgeben, und ich wurde gebeten: »Bewegen Sie einmal ihren linken Fuß! - Heben Sie jetzt auch Ihren Arm!« Es folgten weitere solche Aufforderungen. Ich checkte das erst in keiner Weise und dachte: ›Was wollen die hier von mir?!‹ Na gut, ich fühlte mich zwar eigenartig kaputt, aber sonst??
Plötzlich merkte ich, dass ich meinen linken Arm nicht bewegen konnte. Ich sah ihn vor mir, jedoch erschien es mir so, als ob der Arm auf keinen Fall zu mir gehörte.

Einer der Ärzte sagte: »Geben Sie mir bitte Ihre Hände und drücken Sie zu!« Seine streckte er mir überkreuz entgegen. Das Händezudrücken funktionierte überhaupt nicht auf der einen Seite. Da packte ich kurzerhand den linken Ärmel meines Nachthemdes und hob den Arm auf diese Weise an. Bums, flog der Arm unvermittelt wieder herunter! Bei mir drängte sich der Gedanke auf: ›Hier ist etwas oberfaul!‹

Auf einmal vernahm ich von dem einen Arzt das Unfassbare: »Bei Ihnen gab es einen Schlaganfall!« und von der einen Schwester: »Ihr Mund ist ja ganz schief!«

Ich dachte nur: ›Ach, Gott, was ist denn jetzt los?‹

Zum großen Glück passierte mir das im Krankenhaus. So konnten sie mich sofort untersuchen und in die Röhre schieben zur Computertomografie. Ich erhielt anschließend ein Bett auf der Intensivstation und wurde äußerst gut und schnell versorgt.

In den nächsten Tagen kamen sie dann alle zu mir: mein Mann, meine Mutter und viele Bekannte. Schon aufgrund der gesamten Vorgeschichte wollten sie wissen, wie es stand, und mir seelischen Beistand leisten. Und tatsächlich, diese Besuche halfen mir in hohem Maße, mich in der aktuellen Situation wieder moralisch aufzubauen. Schließlich ist es ja so: Man liegt hilflos im Krankenhaus und weiß überhaupt nicht, wie es weitergehen soll. Da ist man äußerst empfänglich für jeden Zuspruch.

Mir fiel später unter anderem Folgendes auf: Die Bekannten warten zum Teil erst einmal ab, was eigentlich los ist und was noch käme. Mit einigen kann man zwar weiter reden wie vorher. Manche jedoch ziehen sich zurück, weil sie überhaupt nicht mehr wissen, wie sie mit einem umgehen sollen.

Da kam eines Tages jemand zu Besuch ins Krankenhaus, und es fielen dann solche Worte: »Was hast denn du gemacht?!« Was sollte ich darauf antworten??

Übrigens ist es wesentlich, wie man so etwas nimmt. Nicht sein Leid auf andere abladen! Wenn zum Beispiel die Schwestern

kamen und den Verband wechseln wollten - wäre es da gut zu maulen: »Was, ihr kommt ja schon wieder! Lasst mich doch endlich in Ruhe!«? Die Krankenpflegerinnen erschienen immer gerne bei mir, weil ich alles mitmachte.
Insgesamt dauerte diese Krankenhauszeit annähernd ein Vierteljahr. Mir stiegen in einigen Situationen die Tränen hoch, wenn beispielsweise ein Arzt das Zimmer betrat und verkündete: »Frau Meier, Sie können heimgehen, und Sie ebenfalls, Frau Schulze! Und Sie, Frau D., gehen jetzt zur Krankengymnastik!« Das war mir dann einfach zu viel, schließlich wollte ich endlich nach Hause! Aber es half kein bisschen, da musste ich durch.

***

Als ich feststellte, das mit dem Arm funktionierte nicht so, wie es sein sollte, da übte ich von mir aus. Ich lag in meinem Bett und machte zum Beispiel den ganzen Tag über Fingerübungen. Anfangs musste ich mich zwar äußerst zwingen dazu, aber mit der Zeit merkte ich Erfolge, und es wurde immer besser. Schließlich konnte ich einschätzen, dass wieder alles nahezu in Ordnung kam - zum Glück.
Das Kribbeln auf der linken Seite, das ist geblieben. Wenn ich etwas mit dieser Hand festhalte, zum Beispiel ein Stück Papier, besteht durchaus die Möglichkeit, dass ich es ungewollt fallen lasse. Da muss ich mich äußerst konzentrieren, um das ordentlich festzuhalten, dann geht das schon.
Was mir auch schwerfällt: Wenn ich an die Heizung fassen soll, um zu testen, ob der Heizkörper an oder aus ist, spüre ich nicht die Wärme oder Kälte. Das merke ich eben mit der linken Hand nicht, denn auf dieser Seite fehlt das Temperaturgefühl.
Dabei handelt es sich aber um Dinge, mit denen ich leben kann, denn es gibt schließlich noch eine zweite Hand!
Der Arzt meinte dazu, dabei handele es sich um eine reine Kopfsache. Er schilderte folgendes Beispiel: »Wenn ich jetzt eine Fe-

der nähme und dort auf Ihrer Haut entlang streichen würde, müssten Sie das spüren.«
Ja, das merkte ich schon, denn ich probierte das gleich aus. Jedoch durch das Kribbeln kamen mir die Empfindungen irgendwie gestört vor.
Aber ich schätze das als minimal ein. Wenn ich dagegen andere Fälle sehe, beispielsweise Leute, die im Rollstuhl sitzen, bin ich schön ruhig ...

***

In unserem täglichen Leben gab es einige Dinge neu zu bedenken. Zum Beispiel: Sachen am Haus in Ordnung bringen. Ich hatte zu lernen, dass mir vieles äußerst schwer von der Hand ging. Beispielsweise beim Schneeschippen musste ich nach einer gewissen Zeit schlichtweg aufhören wegen mangelnder Kondition.
Und dass Sven alles allein machte - keinesfalls! Er sollte sich schließlich nicht kaputtmachen.
Wenn du die Arbeit siehst und wenig unternehmen kannst - das ist einfach nur furchtbar!
Manche Leute denken dann eventuell noch: ›Na, da mach doch hin und stell dich gefälligst nicht so an!‹ So etwas zu ermessen, das ist ihnen unmöglich.
Wir mussten überlegen: Was ist mehr wert - der Partner oder das Haus, an dem einem die Arbeit allmählich über den Kopf wächst?!
Und so beschlossen wir, vom Einfamilienhaus auf dem Dorf in eine Wohnung in der Stadt umzuziehen. Wenn man so eine Entscheidung trifft und durchzieht, dann zeigt das auch, dass die Partnerschaft hält.

***

Der Arzt fragte übrigens am Ende der Reha: »Wie ist das bei Ihnen daheim? In welches Umfeld entlasse ich Sie eigentlich?« Da schilderte ich ihm das. Es kam unter anderem die Frage, ob ich im Haus Treppen bewältigen müsse. Ich antwortete: »Ja, unser Schlafzimmer ist zum Beispiel in der oberen Etage.« Ich hatte mich unterdessen schon mit dem Gedanken getragen, im Wohnzimmer zu schlafen, damit mir das tägliche Hinaufsteigen erspart bliebe.

Der Arzt sah mir meine Überlegungen an und sagte: »Nein, versuchen Sie es, in ihren Schlafraum zu gelangen! Geben Sie nicht auf!« Ich folgte seinem Rat. Es dauerte zwar anfangs lange bis zum Schlafzimmer, aber ich kam schließlich an. - Mit der Zeit wurde es immer besser mit dem Treppensteigen.

***

Was mir gegenwärtig immer wieder auffällt: Ich sehe vieles mit ganz anderen Augen als vorher und lebe bewusster.

Einige Dinge weiß man erst richtig zu schätzen, wenn sie auf dem Spiel stehen und nicht mehr selbstverständlich sind.

Ich bin froh darüber, dass ich mir eine Menge Sachen erneut erkämpfte und ich weiter beruflich tätig sein kann, wenn auch nicht hundertprozentig.

Und die Sache mit dem Verreisen müssen wir uns auch nicht aus dem Kopf schlagen!

Sven:
Neben meiner Stelle als Rohrleger in einem Wasserwerk bin ich nebenberuflich in einer Reisevermittlung beschäftigt. Der Tag, an dem das Folgende passierte, war gerade der des dortigen fünfzehnjährigen Betriebsjubiläums. Ich hatte mich deswegen sehr auf diesen Tag gefreut und wollte ursprünglich gemeinsam mit einigen Kollegen aus benachbarten Orten zur Jubiläumsfeier fahren.
Letzten Endes musste alles abgesagt werden, denn plötzlich spielten völlig andere Dinge eine Rolle. Hinterher freute ich mich nur noch, dass die gesundheitlichen Probleme nicht schlimmer waren.

***

Es begann ganz unvermittelt: Am 9. Dezember 2013 früh um sechs erwachte ich, wollte wie sonst immer aufstehen und schließlich auf Arbeit gehen. Auf einmal drehte sich alles bei mir im Kopf, dass ich mir vorkam wie auf einem Karussell.
Deswegen setzte ich mich nieder, jedoch plötzlich wurde mir obendrein übel. Über die Brust fühlte ich einen eigenartigen Druck.
Das kam mir allmählich recht komisch vor und so weckte ich Elke und schilderte ihr, wie es mir momentan ging. Schon das gestaltete sich äußerst mühsam. Meine Frau reagierte sofort und rief den Notarzt. Im Nachhinein bin ich darüber nur froh, weil ich überhaupt nicht mehr in der Lage war, die Situation einzuschätzen, geschweige denn irgendwelche Entscheidungen zu treffen. Da wir in der Stadt wohnten, kam der Arzt glücklicherweise relativ schnell.
Die Mediziner nahmen mir bei der Untersuchung auch Flüssigkeit aus dem Rückenmark, um auf Multiple Sklerose zu testen. Das blieb glücklicherweise nur ein Verdacht, der sich nicht bestätigte.

Sie führten allerlei weitere Kontrollen durch, beispielsweise eine Computertomografie.

Ich bekam das auch alles selbst mit. Dabei fühlte ich mich jedoch auf eigenartige Weise wie ein passiver Zuschauer, so, als ob ich sämtliche Vorgänge von außen beobachtete.

Die Ärzte diagnostizierten, es handele sich »bloß« um einen Kleinhirninfarkt, einen zum Glück leichten Schlaganfall. Es musste bei mir auch ein Blutgerinnsel versorgt werden.

In der Folgezeit wurde ich vielerlei gefragt - warum dies, wieso das, weshalb ... ? Im Krankenhaus brachte ich so einige Tage zu.

***

Das alles geschah kurz vor Weihnachten. Nach dem Krankenhausaufenthalt kam ich sofort zur Reha für vier Wochen.

Dort zeigten sie mir zum Beispiel, was ich nun beim Laufen beachten sollte. Der Schlaganfall wirkte sich nämlich bei mir unter anderem so aus, dass ich irgendwie schräg lief. Das wurde bei den Übungen korrigiert, und das Gehen funktionierte danach ganz gut. Außer diesen Gehversuchen wurde auch Treppensteigen geübt und anderes, um mich wieder in Bewegung zu bringen.

Nebenbei machte ich so meine Feststellungen. Zum Beispiel gab es während der Reha eine Silvesterveranstaltung. Dass ich hierbei starke Kopfschmerzen bekam, das erschien mir neu. Den gesamte Umgang, die vielen Leute und die Musik vertrug ich schlecht, so dass ich mich zeitig zurückzog.

Der Arzt ließ sich übrigens meine MRT-Ergebnisse kommen und fragte, ob ich alles sehen und wissen wolle, zum Beispiel die problematischen Stellen im Gehirn.

Als ich überschaute, wie es mir ergangen war, schätzte ich ein, ich sei noch relativ gut weggekommen. Man erkannte nur zwei kleine Punkte auf dem Bild, und ich musste schon genau hinschauen, um sie überhaupt zu entdecken. Da konnte ich nur von Glück sagen! Verschiedene Leute denken übrigens, an so etwas ist derjenige doch selber schuld - aber so ist es oft keinesfalls! Fakt: Keiner ist gefeit. Manche wollen das nicht kapieren.

***

Es gab Zeiten, wo die geschilderten »Drehphasen« wieder auftraten. Dabei handelte es sich höchstens um wenige Minuten, wo ich etwas zum Festhalten brauchte, und das ging zum Glück vorbei.

Es verlief alles soweit gut bis zum Mai 2014. Dann gab es einen Tag, da saß ich mit vielen anderen Zuhörern in einem Raum und hörte mir einen Vortrag an. Plötzlich drehte es mich erneut! Das war aber glücklicherweise das letzte Mal, dass mir das wieder passierte und ich hoffe, dass das jetzt endgültig vorüber ist.

Wie sieht es heute mit mir aus?
Ich kann wie vorher meiner beruflichen Tätigkeit nachgehen. Beispielsweise fahre ich wieder selbst mit dem Auto. Es gibt für mich nur wenige Einschränkungen. So ist mir der LKW verboten worden.
In der Wiedereingliederungsphase auf der Arbeit verlief glücklicherweise alles zur Zufriedenheit. Danach konnte ich erneut normal beruflich tätig sein.
Ich bekomme Blutverdünner und muss deswegen jeden Tag eine Tablette nehmen. Das ist zum einen eine Kleinigkeit und zweitens bekommt man das nach einem Schlaganfall generell verordnet, um auf diesem Wege das Blut flüssig zu halten.
Einerseits sind gewisse Einschränkungen auf den ersten Blick selbstverständlich bedrückend. Andererseits ist es nötig, sich damit zu arrangieren, da hilft nichts. Man muss dagegen ankämpfen, dann kann eine ganze Menge zum Besseren gewendet werden.
Insgesamt bin ich also recht gut wiederhergestellt.
Oder kurz gesagt: Das Glück war auf meiner Seite!

Astrid K.
geb. 1955, Herrenmaßschneiderin
verheiratet, zwei Kinder

»Nach einer Zeit, die mir endlos lang vorkam,
betrat eine Schwester den Raum.
Zu der sagte ich: ›Was soll ich denn hier? Ich bin
noch keine dreißig Jahre und habe
zwei kleine Kinder zu Hause.
Zum Sterben bin ich jedenfalls nicht da!‹«

Meinen Beruf als Schneiderin lernte ich damals in einer vogtländischen PGH (»Produktionsgenossenschaft des Handwerks« - in der DDR ein Zusammenschluss mehrerer Handwerksbetriebe) und liebte ihn in hohem Maße. Es handelte sich für mich um die schönste Zeit im Leben - das Tätigsein in einer Schneiderstube. Eigentlich hatte ich auch die Absicht, auf die Meisterschule zu gehen und die Meisterprüfung im Schneidern zu absolvieren. Leider verlief dann manches ganz anders als vorgesehen.
Im Urlaub verreisten wir derzeit oft und gern mit dem Zelt. Zum Beispiel fuhren wir mehrmals nach Ungarn.
Wir waren auch dabei, die eigenen vier Wände zu errichten - damals in DDR-Zeiten, als man alles selber machen musste. In dieser Phase gestaltete sich jeder Tag gleich: Den ganzen Tag über arbeiteten wir intensiv an der Fertigstellung unseres Hauses. Ich stand an der Mischmaschine und mein Mann mauerte. Das bedeutete viel körperliche Arbeit und Anstrengung.

***

An einem dieser Abende, als wir auf der Baustelle unsere Tätigkeit abgeschlossen hatten, beschlossen wir, tanzen zu gehen. Deswegen fuhren wir zunächst zu den Schwiegereltern, um ihnen die beiden Kinder zur Betreuung zu überlassen. Danach begaben wir uns zur Tanzveranstaltung in die benachbarte Stadt.
Im Verlauf des Abends dachte ich einige Male: »Nanu, dich dreht's heute so, was ist denn bloß los?« Aber ich nahm an, das rührte von den Anstrengungen beim Hausbau her. Ich sagte irgendwann am Abend zu meinem Mann, dass ich rausgehen müsste, weil mir komisch zumute sei. Einfach an die frische Luft! Als ich wieder hineinkam, tanzten wir weiter. Da es uns hier gefiel, blieben wir bis zum Schluss. Schließlich fuhren wir nach Hause.
Wie immer am Abend wusch ich mich und ging anschließend ins Bett. Mitten in der Nacht musste ich austretengehen, ganz nor-

mal eben. Ich stand auf und wollte zur Toilette. Jedoch brach ich auf dem Weg dorthin plötzlich einfach zusammen. Da fielen bei mir im Körper vermutlich schon Dinge vor, von denen vorerst keiner etwas ahnte.

Mein Mann wusste in diesem Moment auch nicht, was mit mir geschah. Er legte mich vorsichtig zurück ins Bett. Offensichtlich hielt er das für die Nachwirkungen des Tanzabends und dachte an einen leichten Schwips. Wir schliefen ab jetzt durch bis zum nächsten Morgen.

Dass die Kinder sich noch bei den Schwiegereltern befanden, ging infolge der aktuellen Ereignisse vollkommen unter. So brachten sie schließlich die beiden Kleinen zu uns und fragten: »Das mit den zwei Enkeln war aber eigentlich anders ausgemacht: Dass ihr sie abholt! Wo bleibt ihr denn?«

Ich hörte meinen Mann drüben in der Küche antworten: »Das war unmöglich! Heute Nacht wollte Astrid einfach nur austretengehen, konnte auf einmal nicht mehr laufen und ist hingestürzt. Jetzt liegt sie in ihrem Bett, guckt ganz komisch und reagiert eigenartig. Was ist nur los mit ihr, und was soll ich unternehmen?!«

Mein Schwiegervater ging nachsehen. Er tauchte in der Schlafzimmertür auf und die anderen hinter ihm, denn sie folgten ihm alle automatisch. Er schaute mich ganz sonderbar an und sagte: »Die sieht ja aus, als ob sie der Schlag getroffen hätte! So, wie ihr Mund verzogen ist ...«

Mein Mann entgegnete heftig: »Du spinnst ja, das gibt´s gar nicht, sie ist gerade erst neunundzwanzig Jahre!«

Ich höre noch heute die Antwort des Schwiegervaters: »Na, dann guck sie dir doch einmal an!« Er hatte die Situation erkannt.

Auf diese Bemerkung hin reagierte mein Mann sofort und holte umgehend einen Arzt.

Der Bereitschaftsarzt, der jetzt kam, konnte nicht einordnen, worum es sich handelte. Nachdem er mich untersucht hatte, sagte er burschikos: »Kochen Sie Ihrer Frau einen richtig starken Kaffee, dann wird das schon bald wieder gut werden!« Der Gedanke, der mir bei dieser Erinnerung ständig kommt: ›So was wird als Arzt auf die Menschheit losgelassen!‹ Doch damals wusste man eben viel zuwenig darüber.

So verging der Sonntag. Ich konnte das Bett nicht verlassen und musste den ganzen Tag über versorgt werden.

Als am Montag früh immer noch kaum Besserung eingetreten war, rief mein Mann einen weiteren Arzt, keinen Bereitschaftsarzt. Die Ärztin, die jetzt kam, sagte kurz: »Sofort ins Krankenhaus mit ihr!«

Daraufhin wurde ich in eine Klinik gebracht, und auch dort wussten sie kaum, was sie mit mir anfangen sollten. Sie legten mich in ein Zimmer, in dem schon eine alte Frau lag, die vor sich hin röchelte und mit ihrer Umwelt nichts mehr im Sinn zu haben schien. Ich hatte garantiert noch keinen richtigen Durchblick, aber eines erkannte ich jetzt schlagartig: Diese Person machte eben ihre letzten Atemzüge. Offensichtlich war ich im Sterbezimmer gelandet.

Nach einer Zeit, die mir endlos lang vorkam, betrat eine Schwester den Raum. Zu der sagte ich: »Was soll ich denn hier? Ich bin noch keine dreißig Jahre, und zu Hause warten zwei kleine Kinder auf mich. Zum Sterben bin ich jedenfalls nicht da!«

In sanftem Tonfall antwortete sie mir: »Wir sollten Sie aber hier hineinlegen. Gedulden Sie sich bitte einen Moment, das kann nur ein Irrtum sein! Sie kommen gleich woanders hin!«

Die alte Frau starb indessen und sie brachten sie hinaus. Ich hatte mir vermutlich einmal anzuschauen, wie das aussieht, wenn jemand stirbt, und sollte schon wissen, wie so was läuft.

Dann erhielt ich ein anderes Zimmer für die nächsten Tage. Genau genommen blieb ich dort mir selbst überlassen. Es geschah die ganze Zeit über so gut wie nichts mit mir. Ach so, doch: Mein Blutdruck wurde gemessen und man gab mir etwas zu essen und

zu trinken. Danach kamen sie auf den Gedanken, mich an den Tropf zu hängen.
Damit erreichten sie jedoch keine durchschlagende Wirkung mehr, denn dafür war bereits zu viel Zeit verstrichen.
Bei Schlaganfallpatienten gab es damals eine große Hilflosigkeit, und man unternahm viel zu wenig. Du bekamst eine Art Haken verpasst: »Abgeschrieben«! Als mein Mann das erste Mal zu Besuch kam, musste er sich anhören, er solle ja keine übermäßigen Hoffnungen hegen. Wenn ich es denn überlebte, dann höchstens als Pflegefall.
Also hatten sie schon den Schlaganfall bei mir festgestellt aufgrund der vollkommenen Lähmung meiner linken Körperhälfte.
Geschehen ist das alles im November 1984. Bis Mitte Februar lag ich dann in diesem Krankenhaus. Während der gesamten Zeit passierte herzlich wenig mit mir. Etwas Physiotherapie gab es immerhin, wo man mich »durchbewegte«.
Ich wurde auch nicht so bald wie möglich im Bett aufgesetzt. Oder dass man etwa Aufstehversuche unternahm - nein! Deshalb erschlaffte bei mir die Beinmuskulatur.
Dagegen zerbrach sich mein Mann den Kopf, wie er mir helfen könnte, und erdachte Folgendes: Er baute aus Holz eine Schiene fürs linke Bein - er ist doch Tischler! Die Stelle des Knöchels schnitzte er aus. Dieses Teil schnallte er mir an, half mir vorsichtig aus dem Krankenbett und machte mit mir Gehversuche. Da zeigten die Ärzte aber große Begeisterung!
Ich meinte eines solchen Tages zu der einen Schwester: »Es ist zwar gut und schön, wenn Sie sich jetzt freuen. Jedoch wäre das eher die Aufgabe des Krankenhauses, mir das Laufen wieder zu lernen, und nicht die Sache meines Mannes!«
Am 13. Februar 1985 wurde ich in eine andere sächsische Klinik verlegt (das Datum weiß ich deswegen so genau, weil man an diesem Tag gerade die Semperoper in Dresden neu einweihte). Dort operierten sie mich dann am Kopf. Die Schädeldecke wurde

rechts aufgesägt, die Haut zur Seite geklappt und ich bekam eine Art Bypass. Die Ärzte erhofften sich dabei, dass dadurch die Durchblutung wieder besser funktionierte. Es war jedoch schon zu viel kaputt. Was sollte man da erwarten?!
Ich kann heute einfach nur froh sein, dass ich überhaupt noch so da sitze. Denn die Folgen des Schlaganfalls stellten sich auf der einen Körperhälfte verheerend dar.
Die Sprache kam relativ schnell wieder, das Gedächtnis funktionierte und auch meine Kondition zeigte Verbesserungen.
Jedoch war bei mir der gesamte linke Bereich des Gesichtsfeldes weg. Schaute ich geradeaus, zum Beispiel, wenn ich über die Straße gehen wollte, musste ich den Kopf weit drehen, um festzustellen, ob etwas von links kam.
Nach der Operation geschah das Wunder: Der Gesichtsfeldbereich kam wieder! Zu meinem großen Glück, denn so konnte ich erneut ans Autofahren denken. Wenn ich jetzt geradeaus schaue, sehe ich alles, was auf der linken Seite vorgeht.
Von der Bewegung her hatte sich leider kaum etwas geändert. Es war damals einfach zu viel Zeit unnütz verstrichen.

***

Meine Mutter besuchte mich nach der Operation im Krankenhaus. Sie meinte, jetzt wäre wieder alles in Ordnung. Als ich ihr aber auf dem Gang entgegenkam, dabei das linke Bein nachzog und der Arm auf dieser Seite hing einfach so dran, sagte sie zu mir: »Du kannst ja immer noch nicht richtig laufen!«
Ich wurde daraufhin äußerst wütend und antwortete aufgebracht: »Mutti, was dachtest du?! Dass jetzt alles wieder vollkommen intakt ist?! Schön wär´s!«
Etwas sanfter meinte ich anschließend zu ihr: »Du musst dir keine Sorgen machen, denn mein Mann ist ein Guter! Der hält immer zu mir und hilft, wo er kann.«

Sie hatte es aber trotzdem nicht erfasst. Man muss dabei noch Folgendes bedenken: Mein Bruder war zu der Zeit ebenfalls schwer krank und stark depressiv. Und dann der Schlaganfall bei mir ... Mutter kamen daraufhin solche Gedanken wie: ›Warum gerade meine zwei Kinder, warum ausgerechnet sie?!‹ Sie wurde mit dieser Situation nie richtig fertig und nahm sich schließlich das Leben.

***

Als ich wieder heimkommen sollte, gab es viele Schwierigkeiten. Zum Beispiel, was unseren Hausbau betraf. Das war ganz schlimm damals. Wir hatten gerade den Keller fertig. Mein Mann wollte das Haus nun eigentlich verkaufen. Der Schwiegervater widersprach jedoch energisch: »Da geht kein Weg ran! Wenn die Astrid heimkommt, dann soll sie ein schönes Zuhause haben!« Ich wusste unterdessen überhaupt nicht, ob ich jemals wieder heimkommen würde!
Trotzdem arbeiteten die beiden weiter an unserem Haus. Als ich aus dem Krankenhaus kam, hatten sie es gerade fertiggestellt. Bei dem, was das Projekt vorsah, gab es zum Beispiel eine wunderschöne Wendeltreppe. Die bauten sie mit hinein. Aber das Treppensteigen musste ich erst wieder lernen. Es ist so, dass mir diese Treppe schon lange keinerlei Schwierigkeiten mehr bereitet.
Hätten wir das vorher alles gewusst, wäre einiges anders geplant worden. Jedoch Hellseher ist keiner. Ich bin jedenfalls heilfroh, dass wir das Haus haben, mit einem großen Grundstück dazu.
In unserem Garten kann ich kaum etwas mitmachen, denn beim Bücken wird es mir schwindlig und mit dem linken Arm ist ein Abstützen nicht möglich. Es ist einfach doof, dass mir diese Grenzen gesetzt sind. Ich hatte schon die Idee, mein Mann solle an einer geeigneten Stelle ein Hochbeet hinsetzen, dann wäre Gartenarbeit für mich wieder vorstellbar. Wir werden sehen ...

***

Noch ein kleines Streiflicht aus der ersten Zeit, als ich nach dem Schlaganfall wieder heimkam.
Eines Tages klingelte es an der Haustür. Meine gerade anwesende Schwiegermutter ging zur Tür und öffnete. Draußen standen zwei Frauen, die mit mir sprechen wollten. Sie wären gekommen aufgrund der Nachricht, dass eine junge Person im Ort einen Schlaganfall erlitten hatte. Darum seien sie nun bei mir zur Unterstützung.
Da lag ich so im Bett und mein kleiner Sohn - noch ein Baby - befand sich neben mir im Stubenwagen.
Die beiden redeten die ganze Zeit auf mich ein. Was, das vergaß ich schnell, jedoch der letzte Satz blieb hängen: »Der liebe Gott beabsichtigt nicht, Sie zu strafen mit der Krankheit. Er will nur wissen, wie Sie damit zurechtkommen.« Ich glaubte explodieren zu müssen. Aber wie gesagt: Ich lag dort, unfähig, etwas zu unternehmen und der Kleine neben mir. Dazu dann diese Äußerungen!
Daraufhin übermittelte ich der Schwiegermutter, die sich ja mit im Raum aufhielt, per Augenaufschlag: »Schmeiß die beiden raus!« Sie verstand mich zum Glück, denn das ging mir echt über die Hutschnur.
Als das passierte, wurde ich herb enttäuscht von der Kirche. Ich bin getauft und wurde von meinen Eltern christlich erzogen. Vater interessierte übrigens am Jahresende die Einschätzung der Christenlehre stärker als das Schulzeugnis!
Dieses Ereignis, welches mich zutiefst verletzte, änderte zwangsläufig einige Auffassungen bei mir. Ich bin demzufolge nicht gläubig.

***

Was das Arbeiten angeht, so begann ich in der damaligen Baustoffversorgung in unserem Ort in der Telefonzentrale. Telefondienst konnte ich machen, trotz des linken Armes. Nach der Wende wurde dieser Betrieb leider geschlossen.
Anschließend betätigte ich mich beim Schwiegervater im Geschäft, einer Tischlerei, für ein paar Stunden täglich mit der Büroarbeit. 1995 übergab dann er den Handwerkerbetrieb meinem Mann. Ich war bis vor wenigen Jahren mit dort von der Partie. Leider bereitete mir das Laufen immer mehr Probleme aufgrund großer Schmerzen in der Hüfte. In der Folge konnte ich meine Arbeit nicht weiter machen.
Die schriftlichen Belange im Geschäft erledigte anschließend unser Sohn, denn er soll das alles einmal übernehmen. Insofern ist es gut für ihn, Einblick zu bekommen.

***

Ich schaffte mir vor fünfzehn Jahren einen Labradorhund an. Das bedeutete eine Hilfe für mich beim Üben des Laufens, weil man da bei jedem Wetter raus muss.
Und so ging ich mit diesem Hund täglich große Runden. Das stellte zwar eine Art Therapie dar, war aber leider nicht gut für meine Gelenke. Aus der einseitigen Belastung, verursacht durch die linksseitige Lähmung, resultierten starke Schmerzen. Deshalb bekam ich vor drei Jahren ein neues Hüftgelenk und durfte hinterher zur Kur. Ich kann äußerst zufrieden sein mit dieser Lösung.
Leider mussten wir unseren Hund vor nicht allzu langer Zeit aus Altersgründen einschläfern lassen. Seit er tot ist, gehe ich trotzdem weiterhin jeden Tag spazieren, meist mittags eine Stunde.

***

Wir fahren auch jetzt jedes Jahr in Urlaub. Dafür haben wir uns ein Wohnmobil gekauft. Mein Mann zählte sich schon immer zu

den Campern. Er wollte eigentlich weiterhin zelten, denn er will kein Hotel, sondern frei sein.
Nach der Wende hatte der Schwiegervater einen Wohnwagen selbst gebaut. Den verkauften wir jetzt und bekamen so einen Teil des Geldes für das neue Wohnmobil. Später wechselten wir erneut auf einen Caravan. Damit fuhren wir letztens in die Fränkische Schweiz.
In den ersten Jahren nach dem Schlaganfall, als es mir wieder besser ging, starteten wir mitunter bereits zu Ostern, zum Beispiel auch gen Österreich. Das ist ein bisschen **das** Reiseland für mich. Dorthin fahren wir schon seit langem auch gerne im Winter.
Skifahren ist zwar nicht mein Ding, aber während sich Mann und Kinder auf den Skiern vergnügen, schnappe ich mir das Auto und nutze die Zeit für einen Ausflug in die Umgebung.

***

Leider habe ich nach wie vor ziemliche Einschränkungen. Den linken Arm bringe ich nur bis in eine gewisse Höhe, dann ist Schluss. Der Muskel, der den Fuß anhebt, ist bei mir auf der einen Seite total gelähmt. Deswegen trete ich auf wie ein Elefant. In Strümpfen herumzulaufen, geht bei mir nicht, sondern ich brauche immer einen kleinen Absatz, um stabil zu stehen.
Aufgrund meiner Behinderung mache ich alles mit einer Hand: Wäsche aufhängen, Autofahren, Staub wischen ... Manche Sachen funktionieren jedoch keinesfalls, wie zum Beispiel Gardinen auf der Leine anbringen zum Trocknen.
Ich bin ja von Beruf Schneiderin, doch jetzt beginnen die Probleme schon, wenn ich einen Knopf annähen soll. Zum Glück gibt es noch meine Schwiegermutter, die mich äußerst unterstützt bei diesen vielen »Kleinigkeiten«, zu denen ich selbst leider nicht mehr in der Lage bin.

Mit dem Wieder-Gut-Werden ist das so eine Sache und mit der Geschichte, dass es Millionen Gehirnzellen gibt und andere Gehirnzellen die Funktion der kaputten mit der Zeit übernehmen können, auch. Grundsätzlich stimmt das schon. Jedoch erstens dauert diese Besserung sehr, sehr lange und zweitens: Ob sie überhaupt eintritt, das weiß keiner. Unter Umständen kann man da wollen und wollen und wollen - und ob es funktioniert, das zeigt dann die Realität.

Bei einer solchen Lähmung möchte man schon, dass man sie weg bekommt. Mit dem Wollen allein ist es jedoch nicht getan, bekomme ich von Zeit zu Zeit mit.

Da kann man Glück haben, dass man immer wieder probiert und dann funktioniert vielleicht doch etwas wie vorher - wenigstens annähernd. Oder es ist halt nichts mehr zu machen, trotz alledem, was ich leider in manchen Dingen so feststellen muss. Es kam einiges eben nicht wieder, dagegen bin ich einfach machtlos.

Letzten Endes ist es mir auch egal, was da ist. Ich habe damit weiterzuleben und klarzukommen und das zählt!

Ich erhalte eine ausnehmend gute Unterstützung durch meinen Mann und die Kinder. Die halten immer zu mir. Darauf kann ich mich verlassen, was mir unendlich wichtig ist.

Das Positive meiner Situation: Das Autofahren ist mir wieder möglich. Das erlaubt mir eine große Portion Selbständigkeit in Bezug auf die Mobilität.

Robert S.
geb. 1975, Industriemechaniker
alleinstehend, keine Kinder

**»Wenn du jetzt nicht hier
herauskommst,
dann findet dich keiner mehr!«**

Ich wohne zurzeit noch in der Wohnung bei den Eltern, wobei ich beabsichtige, bei sich bietender Gelegenheit in eigene vier Wände umzuziehen.

Zu meiner Vorgeschichte: 1997 beendete ich die Ausbildung zum Industriemechaniker. Danach begann ich im selben Maschinenbaubetrieb mit der beruflichen Tätigkeit. Auf Arbeit, so kann ich einschätzen, hatte ich ganz schön Stress, denn an Arbeitstempo lieferte ich nicht das, was der Meister sich vorstellte. Er wollte das alles offensichtlich gerne etwas zügiger sehen, wobei ich gemäß dem Motto verfuhr: »In der Ruhe liegt die Kraft«. Es kam mir in der Hauptsache darauf an, dass ein ordentliches Ergebnis entstand.

Nach einigen Jahren Arbeit wurde ich entlassen. Bedarfsgründe, oder wie man das immer nannte. Ich absolvierte in der Folgezeit eine Umschulung zum CNC-Fräser. Dann arbeitete ich mit der neuen Qualifikation weiter in der gleichen Firma - bis zu dem Unfall.

Das Leben genoss ich, aß und trank gern - manchmal auch äußerst gern. Ich schätze ein, dass ich mich eher ungesund ernährt habe. Wie man eben so war als Jugendlicher. Man hörte nicht auf die Ärzte, wenn sie sagten: »Abnehmen täte dir besser, und lass nur lieber ein paar Glas weg!« Ich dachte in diesen Situationen oft bei mir: ›Sch ..., das wird schon so gehen.‹

Außerdem bin ich seit dem fünfzehnten Lebensjahr bei der Feuerwehr, zunächst in der Jugendfeuerwehr, und mit achtzehn Jahren erfolgte die Übernahme zu den Erwachsenen. Die Tätigkeit hier stellte für mich immer einen wunderschönen Teil meiner Freizeit dar.

Wir wurden gerufen bei Bränden oder zur Beräumung von Verkehrsunfällen, wobei es sich mitunter um harte Einsätze handelte. Bei Großveranstaltungen, wie zum Beispiel Dorffesten, halfen wir beim Einweisen der Autos auf die Parkflächen, beim Sperren der Straßen und ähnlichen Tätigkeiten.

Meine Vorstellungen vom Leben sahen so aus: Es läuft gut weiter mit der Arbeit und ich verdiene dabei ordentlich Geld. Außerdem beabsichtigte ich, ein paar schöne Reisen zu unternehmen. Nicht zu vergessen: Die ›richtige‹ Freundin zu finden, mit ihr gemeinsam Nachwuchs zu haben ...
Im Nachhinein betrachtet: Dann kam eins zum anderen.
Es nahte der Sommer 2002. Ich plante eine große Fahrt: Zunächst die Oma an der Ostsee besuchen und danach weiterfahren zum Bruder ins Ruhrgebiet.

***

(Robert erzählt aus damaliger Sicht)
Heute ist es soweit. Es geht zur Oma, die an der See wohnt. Sie wartet sicher schon lange auf meinen Besuch. Vorhin rief ich an, dass ich bald von zu Hause starten würde. Eine Fahrzeit von fünf bis sechs Stunden gerechnet, müsste ich etwa um dreizehn Uhr dort sein, so meine Vorstellung. Auf den selbst gebackenen Kuchen zum Kaffeetrinken freue ich mich riesig.
Ich gebe den Zielort ins Navi ein und fahre in Richtung Autobahn A9, wie das Gerät empfiehlt. Am Hermsdorfer Kreuz heißt es wie immer: Auf den Tacho schauen, denn die stationären Blitzer hier sind allgemein bekannt, und es wäre dumm, bei so einer Gelegenheit Geld abzudocken. Zum Schnellfahren gibt es heute noch genügend Chancen.
Auf der Autobahn ist glücklicherweise wenig Betrieb. Bald passiere ich das Schkeuditzer Kreuz und bewege mich immer weiter gen Norden. Ab und zu juckt es im rechten Fuß, und ich beobachte, wie sich die Tachonadel der 200er Marke nähert. Schnell fahren macht doch ganz schön Spaß! Ein Glück, dass wir das in Deutschland auf der Autobahn noch an vielen Stellen dürfen.

Planmäßig komme ich am frühen Nachmittag bei Oma an, und sie freut sich merklich über meinen Besuch, zumal ich nicht so oft diesen weiten Weg zu ihr unternehmen kann.
Wie erwartet hat sie einen leckeren Apfelkuchen gebacken, trägt ihr gutes Geschirr auf und deckt den Tisch. Dann muss ich berichten: Wie es mir so geht, was mit der Freundin ist, wie es auf Arbeit funktioniert, ob bei den Eltern alles läuft und vieles andere.
Ich bleibe drei Tage bei Oma und unternehme einiges, zum Beispiel ein paar Freunde besuchen oder mit Oma etwas im Garten machen.
Am Beginn der folgenden Woche starte ich schließlich in Richtung Ruhrgebiet zu meinem Bruder.
Als ich auf der Autobahn angelangt bin, geht es inzwischen gegen vier. Da ich keine Lust verspüre, bis in die Nacht hinein zu fahren, überlege ich mir, an einem Rasthof - ungefähr in der Mitte der Strecke - eine Pause einzulegen. Da kann ich auf alle Fälle richtig Abendbrot essen und danach im Fahrzeug schlafen. Letzteres ist zwar nicht besonders bequem, aber das Preiswerteste.
Beim Rasthof angekommen, zeigt die Uhr auf nach um sieben, günstig für eine Mahlzeit. Die Currywurst mit Pommes schmeckt gut, und satt und zufrieden kehre ich zurück zum Auto. Zum Fahren verspüre ich jetzt überhaupt keine Lust mehr, zumal ich erst tief in der Nacht bei meinem Bruder eintreffen würde. Ich steige ins Fahrzeug, stelle mir den Sitz bequem ein, lege mich so gut es geht hin und versuche zu nächtigen. Mit der Aussicht, morgen früh schön auszuschlafen, dann in aller Ruhe weiterzufahren und im Laufe des Tages im Ruhrgebiet anzukommen, nicke ich ein.

***

Die Nacht vergeht traumlos und ich schlafe wie ein Stein. Träge erwache ich irgendwann und suche nach Orientierung. Es fängt schon an, hell zu werden. Als ich mich auf den Fahrersitz hinüberhangeln möchte, ist das auf einmal unmöglich. Ein paar vergebliche Ansätze, danach versinke ich wieder im Sitz, weil mir das alles allmählich egal ist. Einfach nur ausruhen will ich!
Wie lange ich mittlerweile schlief - null Ahnung! Es ist inzwischen Tag, und am Himmel steht die Sonne. Auf dem Parkplatz herrscht wenig Betrieb. Die Raststätte ist ungefähr zweihundert Meter entfernt, und in der Nähe scheint niemand zu sein.
Wenn ich jetzt schon nicht Auto fahren kann, dann will ich doch wenigstens meinen Bruder anrufen, ihm sagen, dass ich hier auf dem Autobahnparkplatz stehe, ohne wegzukommen. - Ja, auf welchem Rastplatz bin ich eigentlich, wie heißt der überhaupt? Irgendwo in der Mitte zwischen Ostsee und Ruhrgebiet - das ist zwar unpräzise, jedoch genauer - da habe ich keine Ahnung. Ich weiß im Grunde gar nichts mehr, der Kopf ist wie leer. Da kann ich mich anstrengen, wie ich will.
Egal, ich rufe jetzt meinen Bruder an. Es gelingt mir, seine Nummer zu wählen. Ein Wunder bei dem derzeitigen komischen Zustand. Er meldet sich am anderen Ende, fragt, wer dran ist. Ich möchte ihm alles erzählen. Leicht gesagt - das ist unmöglich, denn ich bringe kein vernünftiges Wort heraus!
Mein Bruder weiß offensichtlich kaum, woran er ist. Ich versuche, ihm etwas mitzuteilen - ohne Erfolg! Er erkundigt sich erneut, wer da am Telefon ist. Ich will ihm sagen, dass ich das doch bin - ... keine Chance! Er fragt noch einmal und wartet auf eine Antwort. Ich merke, dass ich das Beabsichtigte keinesfalls umsetzen kann, und lege auf. Er wird sich jetzt bestimmt fragen, was das eben sollte und dann denken: ›Wieder jemand, der falsch ge-

wählt hat und es nicht fertigbringt, wenigstens ein paar Töne zu sagen.‹ Na klar, das verstehe ich doch, aber ...!
Indessen - was mache ich nun? Ich fühle eine unheimliche Trägheit und schlafe einfach weiter. Soll mich doch die ganze Welt ...!
Ich wache zwischendurch mehrmals auf. Immer bemühe ich mich, aus dem Auto herauszukommen, doch erfolglos.
Wiederholt greife ich zum Handy und will den Bruder anrufen. Mitten in der Bewegung halte ich inne, weil ich an meinen letzten vergeblichen Versuch denken muss. Sinnlos, das alles! Ich ahne, wie das jetzt ausgehen würde. Also lasse ich es bleiben.
So vergeht die Zeit, und inzwischen dunkelt es. Dann wird es irgendwann allmählich wieder hell, und ich liege immer noch herum, unfähig, etwas zu unternehmen.
Als beim Handy der Strom alle ist, wird dieses Gerät endgültig wertlos für mich. Es müssen unterdessen mindestens zwei Tage vergangen sein, weil der Akku vollkommen herunter ist.
Mir schwirrt nur Weniges durch den Kopf, aber ein Gedanke setzt sich bei mir fest: ›Wenn du jetzt nicht hier herauskommst, findet dich keiner mehr!‹
Diese verzweifelte Überlegung ist es, die mir die Kraft gibt, trotz aller Hindernisse aus dem Fahrzeug herauszugelangen. Es gelingt mir, die Autotür aufzudrücken. Ich setze mich quer, hebe erst ein Bein hinaus und danach das zweite.
Geschafft! Und nun - aufrichten! So stehe ich kurze Zeit seitlich von meinem Auto. Im Moment des Herumdrehens breche ich einfach zusammen und komme nicht mehr hoch.
Gleich in unmittelbarer Nähe befindet sich noch ein anderer Wagen. Dann kommt von Weitem ein Polizeiauto angefahren und stoppt neben mir. Der Polizist steigt aus und fragt, was mit mir

los sei. Es ist alles wie im Nebel, und ich kann mich überhaupt nicht verständlich machen.
Der Mann hält mir dauernd die Schreibmappe vor die Nase - wozu das Ganze? Ich schiebe sie immer wieder weg, denn ich will wissen, was in meiner Umgebung vorgeht.
Eines weiß ich nur: Hier ist in unmittelbarer Nähe die Autobahn, weil von dort jetzt Polizei und Krankenwagen auftauchen, und es nähert sich auch ein Rettungshubschrauber. Da muss ja nicht weit von hier ganz schön was passiert sein, ein großer Unfall oder so etwas!
Aber die Annahme ist so verkehrt, denn auf einmal wird mir klar, dass die Rettungskräfte alle auf dem Weg zu mir sind. Und das ist ein Hinweis darauf, dass es um mich äußerst schlecht steht!

***

An diesem Unglückstag, einem Freitag, geschah Folgendes: Daraufhin, dass Robert neben seinem Auto zusammenbrach, verständigte ein hinzukommender Mann den Notarzt, welcher umgehend mit dem Hubschrauber eingeflogen wurde. Dann versorgte man den Bewusstlosen an Ort und Stelle medizinisch und brachte ihn anschließend ins Krankenhaus. Dort erfolgten umfassende Untersuchungen. Diagnostiziert wurde ein Schlaganfall. Erst zwei Tage später erwachte Robert endlich aus dem Koma.
Es kamen dann bald die Eltern, der Bruder sowie seine Freunde, um ihn zu besuchen. Sie hatten die unbegreifliche Nachricht gehört und wollten selbstverständlich wissen, wie es um ihn stand.
Zum Glück bekam er beim weiteren Krankenhausaufenthalt allmählich mit, was um ihn herum geschah: Wie die Schwestern hereinkamen, das Bett machten ... Allerdings fanden keinerlei Unterhaltungen statt, denn Robert konnte als eine Auswirkung des Schlaganfalls nicht mehr sprechen.

Bei allem Missgeschick gab es noch eine glückliche Fügung: Das Auto hatte auf dem Parkplatz im Schatten von Bäumen gestanden. Hätte sich der Wagen die ganze Zeit in der prallen Sonne befunden, wäre es zu viel schlimmeren Folgen gekommen bis hin zu der Frage des Überlebens.
Nach dem Krankenhausaufenthalt erhielt Robert für einige Wochen einen Reha-Platz und wurde anschließend entlassen und konnte heimkehren.

***

Robert:

Die Auswirkungen des Schlaganfalls spürte ich auf der gesamten rechten Seite. Ich musste ja sowieso wieder neu anfangen mit vielem, beispielsweise erneut laufen und reden lernen, bemerkte ich erstaunt. Der Schlaganfall wirkte in alle möglichen Bereiche hinein. Dinge, an die man überhaupt nicht denkt, solange sie funktionieren.
Zum Beispiel, was die Merkfähigkeit betrifft: Ich kann mir Sachen ansehen oder durchlesen. Aber nach kurzer Zeit ist das Meiste wieder vergessen.
Wenn ich mir zu Hause zu viel zumute, ist plötzlich unvermittelt die Sprache weg. Ich benötige in so einem Fall am besten erst einmal ein bis zwei Stunden Ruhe.
Meine gesamte Kondition ist sowieso um einiges schlechter.
Es gibt auch Probleme beim Autofahren, zum Beispiel mit dem Gasgeben, dem Schalten und dem Bremsen allgemein. Ich glaube manchmal, dass ein Automatikauto besser zu handhaben sei.
Es erwies sich übrigens als Vorteil für mich, dass ich Fahrstunden nahm. Denn das Autofahren - das haute schon hin, aber durch den Schlaganfall übersah ich eben manche Dinge oder schätzte sie falsch ein.

Schwierigkeiten beim Fahren gibt es besonders, wenn Staus auftreten. Dieses ständige Anfahren, Schalten und Bremsen strengt mich äußerst an.

***

Etwas machen wollen und es dann auch tatsächlich können ist zweierlei. Das bekomme ich immer wieder zu spüren. Nehmen wir beispielsweise meine Arbeit her.
Wie ist das mit dem CNC-Fräser? Der Umgang mit den Maschinen umfasst vieles. An die Geräte ist ein Bildschirm angeschlossen, wo man Werte zur Steuerung eingeben muss. Diese Zahlen überfordern mich jetzt vollkommen - sowohl sie einzugeben als dann noch die Programme zu verstehen!
Früher handelte es sich dabei um meine tägliche, gewohnte Arbeit. Mittlerweile ist das ein Vorgang mit einer Reihe von Fragezeichen geworden. Zu akzeptieren, dass ich vieles schlicht und ergreifend nicht mehr beherrsche, fällt mir schwer. Mein Chef hatte gemeint, dass das Umsetzen an einen anderen Arbeitsplatz sich günstig erwiese. Wir versuchten das auch. Schließlich führte leider kein Weg an der Kündigung vorbei.
Die Tätigkeit im Maschinenbau ist mir einfach unmöglich - ein knallharter Fakt, den ich einsehen musste.
Am Anfang bedrückte mich diese Tatsache. Jedoch voll arbeiten, das kommt keinesfalls mehr in Frage. Ich brauche nur daran zu denken, dass es da das Dreischichtsystem gegeben hatte ... Es ist sowieso denkbar, dass die Nachtschichten und der ganze Arbeitsstress mir den Rest gaben und somit mögliche Ursachen des Schlaganfalls darstellten.

Mit dem Arbeiten im Betrieb ist es also leider aus; da blieb als einziger Ausweg nur meine Entlassung.

Bei der Feuerwehr bleibe ich selbstverständlich. Das war und ist eine schöne Gemeinschaft, die ich benötige. Ich darf jedoch nicht mehr mit zum Einsatz ausrücken, sondern ich bin »nur« im Innendienst. Bei einem Einsatz muss die Hilfe möglichst sofort erfolgen, alles äußerst flott gehen, das ist wesentlich. Einer, der gesund ist, ist fünfmal schneller fertig. Das erkannte ich bald und sah es ein - musste ich ja!

Der Gedanke an eine Lebensgefährtin ist für mich nicht in unerreichbare Ferne gerückt. Jedoch ist es in der jetzigen Situation etwas schwieriger, jemand kennen zu lernen.

Trotzdem: Wir werden sehen!

Mittlerweile habe ich die neue Lage notgedrungen akzeptiert, meinen Weg gefunden und schaue wieder optimistisch in die Zukunft. Eine große Hilfe stellte dabei für mich auch die Gemeinschaft im hiesigen Selbsthilfeverein dar.

Adele L.
geb. 1965, Krankenschwester,
verheiratet, vier Kinder

»Alles verkaufen, in so ein Auto setzen und durch
die Welt schippern - das wäre meins!«

Ich bin über zwei Jahrzehnte glücklich verheiratet, und die Kinder sind mittlerweile alle erwachsen. Als Krankenschwester arbeitete ich unter anderem lange in einem Krankenhaus hier am Ort.
Mein Mann betreut seit einigen Jahren als Hausmeister den Gebäudekomplex der hiesigen »Lebenshilfe«. Deswegen bekamen wir auf diesem Gelände als Hausmeisterehepaar eine Wohnung. Daraus ergab sich für ihn beispielsweise die Pflicht, am Wochenende immer seine Rundgänge zu machen, damit es keine Einbrüche gibt.
Beruflich sollte es bei mir weitergehen mit einer Ausbildung, in deren Ergebnis ich mich Pflegedienstleiterin bzw. Pflegesachverständige nennen könnte.
Um Pflegedienstleiterin zu werden, musste ich eine extra Schule besuchen. Diese Maßnahme konzentrierte sich bei mir auf eine Woche Lehrgang im Monat. Parallel dazu hatte ich ein Praktikum in einem Pflegeheim oder bei einem Pflegedienst meiner Wahl zu absolvieren. Eine Hausarbeit kam ebenfalls dazu. Und jetzt kann ich kurz und nüchtern feststellen: Im Grunde genommen erwies sich das buchstäblich als »alles für die Katz«!

***

(Adele erzählt im Weiteren aus damaliger Sicht:)
Im Moment sind die Stühle, die um den Tisch herum angeordnet sind, noch leer. Doch bereits in zehn Minuten wird das anders sein. Allesamt werden sie Platz nehmen und ihre Notizbücher aufschlagen.
Da kommt auch schon die erste Kollegin herein und setzt sich nach kurzem Umschauen auf einen freien Stuhl. Genauso erscheinen bald die weiteren Mitarbeiterinnen, so dass wir pünktlich um acht Uhr vollzählig sind und anfangen können. Sämtliche Blicke sind auf mich gerichtet. Gespannt schauen sie jetzt alle zu

mir, was ich ihnen mitteilen möchte. Das diesjährige Sommerfest steht wieder einmal an für die vier Häuser »Betreutes Wohnen«, die zu meinem Bereich gehören. Das Programm dafür müssen wir nun durchsprechen, angefangen mit der Eröffnung: Welche Reden werden gehalten, wen engagieren wir für die Blasmusik, wer organisiert die Tombola, und was soll es zu essen und zu trinken geben? Das sind nur einige notwendige Überlegungen. Ich beginne zu erklären und einzuteilen.

Als wir bei der Organisation der Musik angelangt sind, wird es eigenartig. »Die Blasmusikkapelle FRISCHAUF, die wir schon letzt... Jahr hatt..., ist auch dies... ber..., für uns zu spiel...« Ich breche ab. Richtiggehend komisch ist das, was momentan mit mir passiert!

Meine Zuhörerinnen schauen sich an. Sie sind befremdet, na klar. Es geht mir ja genauso, dass ich das in keiner Weise verstehen kann. Noch ahne ich nicht, was überhaupt los ist.

Nach einer kleinen Pause versuche ich weiterzumachen: »Den Kuch... back... wir wied... selbst, da müss... wir eben herum frag..., wer all... hilft..«

Ich breche erneut ab. Unmöglich, diese Hemmungen beim Sprechen!

Bei den Zuhörern verspüre ich Unruhe und unterdrückte Heiterkeit. Es ist offenbar lustig, wenn die Chefin plötzlich kaum mehr richtig in der Lage ist zu reden, oder wie?!

Das Grienen gibt mir Auskunft darüber, was man rundum denkt. ›Verdammt nochmal, ich kann nicht anders! Leute, hört auf zu lachen, es ist ernst! Anscheinend bin ich überarbeitet‹, denke ich. Was ist bloß los mit mir???

Mit einem Mal weiß ich auch in keiner Weise mehr, was ich weiter sagen wollte. Also auf meinen Zettel schauen! Mit Mühe und

Not ziehe ich diese Sitzung durch und beende sie so schnell wie möglich.
Ich bitte eine Kollegin, mir den Blutdruck zu messen. Beide beobachten wir gespannt den Messwert und stellen gemeinsam fest: Er ist mit 150 zu 90 schon ein wenig erhöht, aber nicht so, dass man sich Sorgen machen müsste.
Der weitere Tag verläuft relativ normal, und so gehe ich nach Dienstschluss heim, ohne etwas zu unternehmen. Am nächsten Tag begebe ich mich wie immer auf Arbeit und genauso an den Folgetagen. Trotzdem geht es mir irgendwie schlechter, besonders meinem Arm, wo ich verstärkt Taubheitsgefühle verspüre.
Am dritten Tag gehe ich zum Arzt, als mir das nachmittags zeitlich möglich ist während der Sprechzeit der Arztpraxis. Ich vermute, dass mit mir etwas nicht hinhaut und denke, dass mich eventuell im Laufe der letzten Wochen eine Zecke gebissen hätte. Die Ärztin meint nach der Untersuchung: »Wir machen keine Experimente. Sie gehen augenblicklich in die Notaufnahme der Klinik. Die sollen genauer nachschauen, was hier los ist.«
Dann informiert die Medizinerin meinen Mann und veranlasst, dass ich sofort im Krankenhaus durchgecheckt werde, inklusive einer Computertomografie. Bei der Auswertung sagt die dortige Ärztin, dass das auf dem Bild aussehe, als ob sich im Hirn ein Tumor befände. Daraufhin ordnet man die stationäre Aufnahme in die Neurochirurgie an.
Mir schießt es durch den Kopf: ›Nee, du ziehst dich hier keinesfalls geistig aus. Da ist nichts, weder Kopfschmerzen oder irgendetwas anderes!‹ Und ich harre der Dinge, die da kommen werden ...
Jetzt erscheint eine Schwester in der Tür und sagt zu mir: »Wir wollen bei Ihnen noch MRT-Aufnahmen machen. Bitte gehen Sie

selber dorthin.« Sie beschreibt mir kurz den Weg zur entsprechenden Abteilung. Obwohl mir das Gebäude vollkommen unbekannt ist, gelange ich bald ans Ziel.
Als ich den MRT-Raum wieder verlasse, um zu meiner Station zu kommen, darf ich plötzlich nicht mehr allein laufen und werde in einen Rollstuhl gesetzt. Die Schwester bringt mich gleich auf die Intensivstation.
Diagnose: Schlaganfall - so ist das - bumm!

***

Der Behandlung im Krankenhaus folgten insgesamt sechs Wochen Reha, und nach einer Wiedereingliederungsphase von zwei Monaten ging ich wieder Vollzeit auf Arbeit. So begann der Stress von vorn ...
Ein anderthalbes Jahr später erwischte es mich erneut, und zwar an einem Sonntag. Es lief ähnlich ab wie damals: Erst kam irgend so ein kleiner Rupfer im Kopf. Ich dachte diesmal: ›Du sagst jetzt nichts, bleib einmal ganz ruhig!‹
Am Montag früh ging ich wie immer auf Arbeit und betrat um acht das Büro.
Mein Plan beinhaltete ursprünglich, das Dienstzimmer aufzuräumen wie gewöhnlich. Danach wollte ich ins Krankenhaus fahren, um mich durchchecken zu lassen.
Ich stellte jedoch fest, dass ich schon erwartet wurde, und zwar offensichtlich äußerst dringend.
Ach ja, da fiel es mir wieder ein! Es handelte sich um die Tochter eines dementen Mannes, den wir kürzlich ins »Betreute Wohnen« aufgenommen hatten. Verständlicherweise wollte sie vieles wissen: »Wie wird mein Vati versorgt? Wann ist Mittagessen? Kann er an dortigen Veranstaltungen teilnehmen und wie läuft das ab?« Und so weiter ...

Diese Situation kam mir wie eine völlige Überforderung vor. Eine Erkundigung folgte der anderen. Ich konnte jedoch kaum antworten und fühlte mich in keiner Weise darauf eingerichtet.
Wie da die Frau vor mir stand und mir Frage für Frage stellte, das warf mich vollkommen aus der Bahn. Unglaublich! Buchstäblich in die Enge getrieben kam ich mir vor. Ich versuchte alles zu beantworten, so gut ich konnte, jedoch sie fragte immer weiter und weiter. So verwies ich sie letztendlich an meine bewährte Sekretärin.
Die Frau bemerkte schließlich, dass sie bei mir nichts mehr erreichte, und verließ hastig den Raum. Als die Tür ins Schloss gefallen war, räumte ich das Büro auf, wie ich es mir vorgenommen hatte.
Nach zwei Stunden rief ich unseren eigenen Rettungsdienst an und bat: »Könntet ihr mich bitte zu einem Arzt bringen? Ich muss jetzt endlich richtig wissen, was mit mir los ist. Aber ja nicht mit Tatütata!«
Gesagt - getan.
Diagnose im Krankenhaus: Erneuter Schlaganfall!
Also zunächst Krankenhausbehandlung und danach Reha für sechs Wochen.

***

Den Gedanken, dass da wieder etwas passieren könnte, trage ich seit dieser Zeit leider ständig im Hinterkopf herum, egal wo ich bin, weil die Bombe in mir weiter tickt.
Es ist bei mir so, dass das bei den Untersuchungen »nebenbei« festgestellte Aneurysma nach wie vor im Kopf vorhanden ist. Außerdem kommt es bedauerlicherweise immer wieder dazu, dass sich die einoperierten Stents zusetzen. Zusammen mit einer Blutgerinnungsstörung, die bei mir angeboren ist, ergab das eine äußerst explosive Tatsache.

Wenn Kopfschmerzen kommen, lege ich mich am besten gleich hin, weil Ausruhen angeraten ist.

Außerdem wird der Zustand in meinem Kopf regelmäßig halbjährlich mit einer Angiographie überprüft. Diese Untersuchungsmethode ist zwar grauenhaft, aber es muss sein, daran führt kein Weg vorbei.

Zum Glück entdeckten sie das Aneurysma bei mir, denn dabei handelte es sich um einen Zufallsbefund, nebenbei bei dem einen Schlaganfall. Sonst hätte ich davon nie etwas geahnt.

Durch die angeborene Gerinnungsstörung kann das Blut in meinen Adern nicht so durchfließen wie bei einem normalen Menschen, sondern es neigt dazu zu klumpen. Dadurch ist die Gefahr von Schlaganfällen, einer Lungenembolie oder einem Herzinfarkt gegeben.

Aus besagtem Grunde muss ich immer mit einer bösen Überraschung rechnen. Es kann jederzeit wieder etwas passieren.

***

Ob für mich alles aus heiterem Himmel kam?

Absehen konnte man das schon bis zu einem gewissen Grade. Diese Gengeschichte steckte bereits in der eigenen Familie drin. Das erzählten mir meine Mama und die jüngere Schwester. Beide müssen immer Thrombosen irgendwo im Körper befürchten.

Ich vermutete deswegen hin und wieder: ›Irgendwann wird es dich unter Umständen auch einmal erwischen.‹ Darauf gewartet habe ich selbstverständlich nicht.

Aber dass es so zuschlägt, dass es mich selbst aus dem Berufsleben herausnimmt, daran dachte ich natürlich in keiner Weise, und so etwas muss ich jetzt vor allem verkraften. Es ist einfach nur ärgerlich, dass das, was ich aufgebaut hatte in den letzten Jahren, ohne mich weitergeht. Schweren Herzens musste ich mir die Kündigung geben lassen.

Fakt ist, dass es mit meiner bisherigen Tätigkeit, die ich gern ausübte, nichts mehr wird. So benötige ich irgendetwas Leichtes, was ich trotzdem machen kann, denn ich muss schließlich fühlen, dass ich weiterhin gebraucht werde. Das ist einfach nötig. Das Problem ist jedoch: Solche Jobs wird man anscheinend vergeblich suchen!
Ähnlich ist es leider mit den Zielen, auf die ich beruflich hingearbeitet hatte. Eben »alles für die Katz«! Mit dieser harten Tatsache kämpfe ich immer wieder, aber es hilft ja nichts.
Mit der Leitung der Schlaganfallgruppe hier am Ort gibt es etwas, was ich in meiner derzeitigen Lage gut und gerne machen kann. Bei Unternehmungen oder Reisen in so einer Gruppe lernt man sich besser kennen. Gemeinsames Schicksal und ähnliche Probleme schweißen schließlich zusammen!
Manche müssen auch erst begreifen, dass Selbsthilfegruppen keinesfalls dazu dienen, im Kreis zu sitzen und im gegenseitigen Bedauern zu versinken. Sondern man sollte aktiv mitarbeiten und nicht einfach alles einfach abnicken.
Es ist ganz wichtig, dass man erkennt, dass es keinen Weg darstellt, sich hinter seiner Krankheit zu verstecken!

***

Ansonsten fühle ich mich gut zu Hause im Kreis bei meiner Familie und vieler guter Bekannter. Dort sind alle ständig für mich da. Es gibt da keine negative Erfahrungen. Man hört bei so etwas ja auch von Ehemännern oder Kindern, die dann einfach »Tschüss!« sagen ...
Ach so: Die beiden Enkel, die sich mittlerweile einstellten, sind so ein bisschen mein Hobby geworden - übrigens ein äußerst interessantes!

***

Jeden Tag finden Therapien statt: Ergotherapie und Physiotherapie. Schon davon bin ich am Nachmittag mitunter kaputt, denn das kann recht anstrengend sein.
Auf der anderen Seite ist es so: Wenn die Therapeuten ihre Sache gut machen, dann bringt einen das vorwärts und man wird mit der Zeit immer stabiler und selbstbewusster. Mir hilft das ganz schön, um mich wieder aufzubauen. Alles in allem bin ich in dieser Hinsicht äußerst zufrieden, da kann ich überhaupt nicht klagen.

***

Wie steht es sonst? - An die erste Stelle setze ich selbstverständlich jetzt die Gesundheit! Klar ist, dass ich das besonders betone. Jedoch schon, wenn du auf die Welt kommst, benötigst du eine Portion gesundheitliche Stabilität. Ohne diese fällt dir das Leben um einiges schwerer.
Insbesondere achte ich auch auf eine geeignete Ernährung. Und noch folgende Tatsache: Das Rauchen zählte zu meinen ehemaligen Lastern. Das ist logischerweise jetzt vorbei, und ich versuche das ebenfalls anderen mitzuteilen, die einen Schlaganfall erleiden mussten, etwa in der Art: »Leute, lasst das lieber sein!«
Ich bereue nichts, was ich bis dato unternahm, und stehe ebenso zum Rauchen in der Vergangenheit. Das konnte keiner wissen, dass das Ding (die Ader) zu ist und durch die Qualmerei nach allen Regeln der Kunst zugemüllt wurde. Ich bekenne mich zu meinen Schandtaten. Das, was ich im bisherigen Leben tat, hatte seine Richtigkeit!
Da ist noch eine Selbstverständlichkeit, von der ich aber froh bin, dass sie jetzt so existiert: Ich bin in der Lage, den eigenen Haushalt zu führen und brauche keine ständige Unterstützung. Und ich kann mich draußen frei bewegen ohne irgendwelche Hilfsmittel.

Was ganz wichtig ist: den Humor besonders in so einer Situation zu behalten. Aber im Grunde ist es egal, ob du gesund bist oder nicht. Ist der Humor weg, dann verlierst du ein Stück weit auch dich selber.
Unter anderem veränderte sich übrigens meine Sprechweise; ich klinge oft recht monoton. Insbesondere wenn es mir schlecht geht, denkt man dabei an eine Computerstimme.
Ach so, und Autofahren ist leider kein Thema mehr für mich.

***

Ja, wie ist das überhaupt: Ist alles vom Schicksal so gewollt und vorherbestimmt?
Null Ahnung, vielleicht gibt es eine Art Bestimmung für so etwas. Ich vernahm bereits von vielen Patienten Äußerungen wie: »Es ist Schicksal, dass es mich jetzt erwischte.« So ein bisschen denke ich schon, dass da irgendetwas dran sein könnte. Mitunter stelle ich mir das so vor: Da brennt an irgendeinem Ort eine Kerze für dein Leben ...
Im Grunde genommen bin ich Atheistin. Dass der liebe Gott das alles so wollte - das glaube ich jedenfalls nicht.
Glauben?? Eher an mich selber!
Die Frage, ob du das so verdientest, stellst du dir sowieso immer.

***

Und was fällt mir ein bei den Worten »Rücksicht« und »Hilfe«?
Da gibt es ja das »wunderbare« Helfersyndrom. Ich denke aber (vor allem aus meiner medizinischen Sicht heraus), man sollte den Leuten auf keinen Fall zu viel unter die Arme greifen, sondern eher handeln nach dem Motto: »Unterstütze mich dabei, die Dinge selbst zu bewältigen!«
Man versucht zunächst, etwas umzusetzen und wenn das unmöglich ist, kann man ja immer noch jemanden fragen: »Hilfst du mir bitte?«

Der Mensch, der dir hilft, soll dir nicht zu viel machen. Das Ergebnis wäre unter Umständen, die Selbstständigkeit vollkommen zu verlieren, weil man sich daran gewöhnt, alles abgenommen zu bekommen.
Genauso ist das mit der Rücksicht. Die ist im Grunde schon o.k., jedoch zu viel davon ist eher nachteilig!
Die Ansicht: »Du bist krank, deswegen brauchst du das jetzt nicht zu machen!«, ist falsch, denn ich will mich gern mit beteiligen. Ich finde, das kann andererseits richtiggehend verletzend sein, wenn man so behandelt wird, als wäre man in Watte gepackt!

Diese ganze Geschichte zu bewältigen, dabei halfen mir zweifellos am meisten mein Mann und die Kinder. Da gibt es nichts: Die Familie ist mir am wichtigsten und ich denke, das ist auch umgekehrt so.
Beruflich gesehen, da bin ich leider raus. Das ist ein Problem, welches mich andauernd beschäftigt.
Man muss eben das Beste daraus machen. Es kommen sowieso immer mal positive oder eben auch negative Zeiten. Im schlechten Fall helfen einem die Familie und der Freundeskreis. Ein Wunsch aus besseren Tagen ist konkret der einer Weltreise. Jetzt sage ich allerdings manchmal zu meinem Mann:
»Unser Ziel sollte es hauptsächlich sein, gesund zu bleiben.« Wir sparen noch etwas Geld und gehen zusammen in Ruhestand. Dann kaufen wir einen Caravan – das ist ein Traumziel von mir: Alles verkaufen, in so ein Auto setzen und durch die Welt schippern, das wäre meins!
Das ist auch unter den jetzigen Umständen ein schönes Ziel für uns. Darüber würde ich mich wahnsinnig freuen, wenn wir beide das gemeinsam umsetzen könnten.
Ein lohnender Blick in die Zukunft!

Cornelia A.
geb. 1957, Köchin
mit Lebensgefährten zusammen,
zwei Kinder

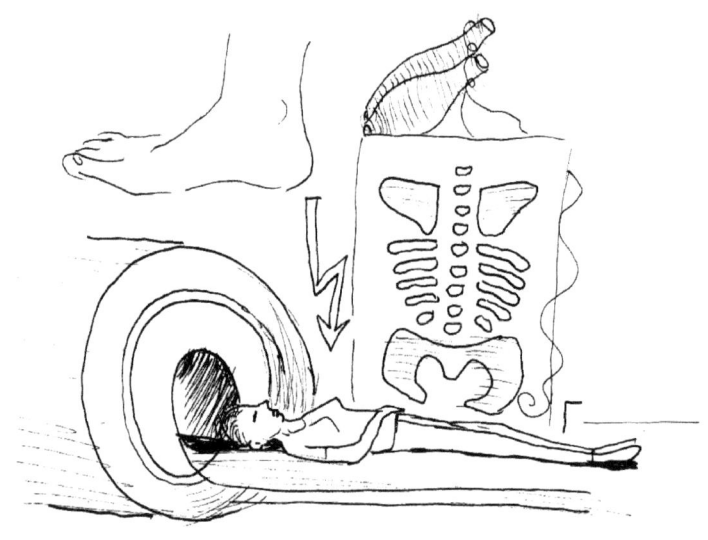

»Schmerzen sind nicht messbar,
aber oft unerträglich.«

Ich konnte mich früher schon immer ein quirliges und lebhaftes Kind bezeichnen. Leider gab es von Anfang an ein Handicap bei mir: Öfters wurde ich plötzlich bewusstlos und fiel einfach um. Woran das lag, kam nie so recht heraus. Etwas verwachsene Beine und Füße waren bei mir angeboren. Demzufolge hatte ich Einlagen in den Schuhen zu tragen und bekam bereits als kleines Kind Rotlicht und Massagen verschrieben. Es handelte sich dabei sämtlich um Dinge, die meine Eltern damals selber finanzieren mussten. Das mit dem Umfallen schob man übrigens auf Entwicklungsstörungen.

Nach der Schule absolvierte ich eine Lehre als Textilfacharbeiterin, zusätzlich mit Meisterausbildung. Wegen des wiederholten Auftretens von Ohnmachtsanfällen durfte ich jedoch nicht in der Produktion bleiben.

Der Neurologe untersuchte mich und kam zu der Diagnose, dass es bei mir eine Verengung vom Hinterhirn zum Vorderhirn gäbe, was zu zeitweisen Bewusstseinsstörungen führte.

So arbeitete ich in meinem Ausbildungsbetrieb eben als Küchenhilfe. Hierbei verdiente ich allerdings zu wenig Geld. Es füllte mich auch nicht aus, nur Gemüse zu putzen und Töpfe auszuwaschen. Ich hatte mir da etwas anderes vorgestellt. Also lernte ich Köchin und Kaltmamsell.

Kurz nachdem ich diese Lehre abgeschlossen hatte, wurde ich schwanger. Es folgten drei Jahre Babypause, und danach ging ich erneut beruflich verschiedenen Tätigkeiten nach, zum Beispiel als Kantinenkraft oder als »Mädchen für alles« in einer Kinderkrippe ...

Schließlich arbeitete ich als Verkäuferin bei einem Bäcker. Der musste jedoch leider aus gesundheitlichen Gründen bald schließen. Und so stand ich wieder auf der Straße. Dies geschah im Jahr 1987, also kurz vor der Wende.

Als in einem Betrieb jemand für die Finanzbuchhaltung gesucht wurde, meldete ich mich dafür und wurde eingestellt.

In der nächsten Zeit machten mir meine Füße Probleme infolge der Verwachsungen. Die Schmerzen zogen sich bis ins Knie. Um eine Besserung zu erreichen, ließ ich eine Fußoperation machen. Es ging auch alles gut, und nach wenigen Tagen durfte ich wieder heim.

***

Wir waren eines Abends beim Essen, und ich sagte: »Ich gehe jetzt hinüber in die Stube und lege den Fuß etwas hoch.« Meine zwei Männer (Mann und Sohn) meinten: »In Ordnung. Mach das, wir waschen auf.«
Im Sessel merkte ich, dass ich schief saß, und wollte mich gerade hinsetzen. Plötzlich knallte es im Rücken. Das hörte sich an, als ob dort hinten ein Holzscheit kaputtginge. Ich stellte fest: »Das klang aber jetzt ganz übel!«
Es hatte zunächst kaum wehgetan. Doch nach drei Stunden setzten die Schmerzen so stark ein, dass es fast zu viel verlangt war, es auszuhalten.
Das alles geschah am Sonntag um die Mittagszeit, und deshalb meinte mein Mann: »Wir fahren jetzt nicht erst ins Krankenhaus, sondern wir unternehmen morgen früh etwas bei dir.«
Die folgende Nacht werde ich nie vergessen ...
Am nächsten Tag brachte er mich zur Ärztin. Ich war schweißüberströmt vor Schmerzen, hauptsächlich wegen meines frisch operierten Fußes. Da gab es aber keine Gnade, denn ich musste zweieinhalb Stunden im Wartezimmer zubringen. Aufgrund einer Grippeepidemie gab es gegenwärtig ungewöhnlich viele Patienten.
Von einem Hausbesuch wollte die Ärztin jedoch nichts wissen, denn die machte sie nur mittwochs, und der heutige Wochentag lautete »Montag«.
Ich bekam schließlich eine Überweisung an einen Orthopäden, der aber seine Praxis in Bayern hatte. Also musste ich wohl oder

übel dorthin, obwohl ich das eigene Befinden einfach nur schlecht nennen konnte. Mein Mann fuhr mich natürlich - trotz aller Missstände.
Der bayrische Arzt schlug die Hände über dem Kopf zusammen: »Das ist doch unmöglich, Sie in einer solchen Verfassung hierher zu schicken!«
»Sie sehen es ja - man kann!«
Es folgten Fragen wie: »Hatten Sie in letzter Zeit auch einmal einen Röntgentermin?« Und, und, und ...
Dann wohnte ich einem »interessanten« Telefonat mit der vorher behandelnden Ärztin bei. Die Worte, die hier fielen, eignen sich nicht dazu, sie zu wiederholen.
Ich erhielt zum Schluss eine Einweisung fürs Krankenhaus.
Dorthin brachte mich mein Mann am nächsten Tag. Ich bekam zunächst ein Mittel gegen die Beschwerden ... und dann eine warme Suppe! Das wusste ich besonders zu schätzen, denn ich hatte vom Tag zuvor an nichts mehr gegessen. Dass ich hier die Beine hochlegen durfte und die Schmerzen sich dadurch etwas linderten, empfand ich als eine große Wohltat.
Dann kam ein Arzt, untersuchte mich und meinte: »Also: Sie sind schlimm krank. Folglich müssen Sie dableiben, und zwar voraussichtlich für ein paar Wochen.« - Was ich überhaupt hatte, konnte er mir jedoch nicht richtig sagen.
Danach stritten sie sich weiter bis spät abends, ob sie den Röntgenraum noch einmal öffnen sollten. Geröntgt wurde ich schließlich doch.
In diesem Krankenhaus hing ich eine Woche lang am Schmerztropf. Dann war ein MRT-Termin festgelegt worden. Dazu hätten sie gern den vorherigen Befund eingesehen, aber der musste erst noch hergeschickt werden. Wir erhielten ihn nach einigen Tagen und vielen Anrufen.

Bei jeder Visite, die ich miterlebte, ging es immer nur um den Fuß, weniger um den schmerzenden Rücken, weswegen die Einweisung hierher ja ursprünglich erfolgte.
Außerdem sollte mein rechter Arm geschont werden, denn dieser war übersät mit Spuren vom Blutziehen und sonstigen Spritzen. Eine Ärztin hielt sich jedoch nicht daran. Als Folge entstand eine Venenentzündung. Daraufhin wäre es gut gewesen, zur Linderung Hepathromb oder so etwas anzuwenden. Aber nein, nichts dergleichen geschah! Bei mir im Zimmer lag noch eine andere Patientin, von Beruf Krankenschwester. Bei ihr hatte es eine Hüftoperation gegeben. Ihr gingen förmlich die Haare hoch von dem, was sie bei mir erlebte. Sie rückte schließlich mit ihren Krücken ins Schwesternzimmer vor, machte dort ein Fass auf und holte mir das Hepathromb.
Endlich bekam ich doch noch die MRT-Untersuchung. Einen Tag danach klopfte es an der Tür und die Ärztin kam herein.
»Frau A., wir können Sie jetzt entlassen. Hier sind ein paar Tabletten, und gehen Sie für weitere Angelegenheiten zu Ihrem behandelnden Arzt.«
Ich rief nur hinterher: »Und wie soll ich nach Hause kommen?«
Die Schwester, die anschließend kam und mich vom Schmerztropf befreite, fragte: »Werden Sie denn abgeholt?«
Worauf ich antwortete: »Wenn Sie so nett sind und meinen Mann anrufen, ist das durchaus denkbar. Jedoch - wie ich in das Auto hineinkommen soll, dafür weiß ich noch keinen Rat (weil ich ja nicht sitzen konnte ...).«
Die Antwort lautete: »Na ja, das wird sicher funktionieren. Wir fahren Sie mit dem Rollstuhl runter, und dann befördern wir Sie ins Fahrzeug hinein!«
Für die Fahrt bettete mich mein Mann hinten ins Auto auf die Rückbank. Und zu Hause die Treppen hoch wurde ich von ihm getragen.

Dann rief er wieder die Ärztin an, ob sie denn bitte zum Hausbesuch käme. Ich würde vor Schmerzen förmlich die Wand hinaufrennen. Antwort: »Solange sie die Wand noch hinaufrennen kann ...«
Es gab jedenfalls keine Visite zu Hause. Mein Mann begab sich daraufhin zu ihr. Sie schrieb immerhin einen Schein für die Physiotherapie aus.
Am darauf folgenden Tag bat ich eine andere Ärztin, mich weiter zu behandeln - was sie übrigens bis heute macht. Sie veranlasste umgehend, dass die Physiotherapeutin zu mir ins Haus kommt.
Dann musste ich zum Vertrauensarzt. Dort schlugen sie die Hände über dem Kopf zusammen und fragten: »Wie sind denn Sie hierher gekommen?!«
Ich antwortete: »Mit dem Taxi, liegend. Wir haben es Ihnen doch schon am Telefon gesagt, dass es Probleme mit meiner Transportfähigkeit gibt. Jedoch: Sie wollten das ja nicht glauben.«
Nach der Untersuchung brachten sie mich mit dem Krankenwagen wieder heim. Die Taxe schickten sie weg.

***

Kurze Zeit später bekam ich eine Kur. Dort meinten sie: »Was sollen wir denn hier machen? Sie müssten erst einmal operiert werden!«
Ich wunderte mich: »Wieso operieren? Das wurde mir doch ganz anders mitgeteilt!«
„Wie lautet eigentlich Ihre Diagnose? Da gibt es ein paar Bandscheibenvorfälle, haben wir festgestellt!«
Ich hatte inzwischen schon überhaupt kein Gefühl mehr in den Beinen; insofern war mir fast alles egal.
Schließlich durfte ich trotzdem insgesamt eine Woche länger als ursprünglich geplant bleiben, damit ich mich regenerieren konnte. Nach einiger Zeit war ich sogar in der Lage, auf einem hohen

Stuhl wieder vorsichtig zu sitzen. Zuvor hatte ich das Essen immer im Stehen einnehmen müssen.

Ich bekam bei der Entlassung noch eine Adresse mit, und zwar von einer bayerischen Klinik, in der die Operation gemacht werden könne. Also brachte mich mein Mann dorthin - ich dabei liegend auf dem Rücksitz unseres Autos. Am Autofenster hing ein Jackett, damit die Polizei nicht sehen konnte, dass ich dort ohne Sicherheitsgurt lag.

Nach der Untersuchung meinte der Arzt, er wolle keinesfalls sofort zum Messer greifen. Man solle erst einmal noch etwas ausprobieren.

An Einzelheiten dieser »Proben« wie Spinalspritzen oder das Hineinschieben eines Katheters in die Wirbelsäule über den Steiß (und das alles bei vollem Bewusstsein) erinnere ich mich äußerst ungern, zumal die helfende Wirkung ausblieb. Es erfolgten jedenfalls Behandlungen, die »sehr« zu empfehlen sind, besonders, wenn man aufs Foltern steht ...

Ich vermute ja, dass diese Experimente irgendeinen Sinn hatten; mir brachten sie jedoch nur Quälerei ... Nach drei Tagen mussten die »Versuche« glücklicherweise wegen Erfolglosigkeit aufgegeben werden.

***

Jedenfalls meldete ich mich in einer weiteren Klinik, ob sie mir dort helfen könnten.

Der dortige Mediziner verlangte zunächst: »Jetzt sagen Sie mir erst einmal, was bisher alles gemacht wurde!« Es stellte sich heraus, dass ich falsch behandelt worden war. Der Arzt sagte zu mir, er dürfe das nicht selbst machen, was er mir nun vorschlagen wolle. Aber ich erhielt die dringende Empfehlung, diese unkorrekte Behandlung anzuzeigen. »Insbesondere durch das viele Cortison können Ihnen eine Reihe ungeahnte Schäden entstehen!«

Damals erwies sich eine Angewohnheit von mir als gut: Ich lichte die Aufzeichnungen über jede Kleinigkeit, die mit mir gemacht worden ist, ab. So gibt es immer einen Nachweis aller Dinge, die gelaufen sind.
Also schrieb ich diesbezüglich eine Beschwerde. Nach etwa vier Wochen gab es ein Telefonat. Eine Männerstimme sagte, ich hätte das und das zur Anzeige gebracht und dass ich mir das bitte noch einmal überlegen solle. Es handelte sich ja immerhin um eine Oberärztin und es existierten ohnedies zu wenig Ärzte. Schließlich wäre kein körperlicher Schaden entstanden. Mehr als vierhundert Euro ständen sowieso kaum in Aussicht.
Ich antwortete: »Mir geht es hier nicht ums Geld. Und selbst bei vier Cent: Es kommt aufs Prinzip an! Was die organische Schädigung betrifft: Das sehen Sie von Ihrem Schreibtisch aus niemals. Ich sage nur: ›Spritzen in die Wirbelsäule‹ oder ›Cortison‹. Was für Nebenwirkungen mit diesem Medikament einhergehen, das sollten Sie eigentlich wissen. Ansonsten müssten Sie sich unbedingt darüber informieren. Um wen es da geht, ob eine Oberärztin, einen Krankenpfleger oder wen auch immer, das ist mir letztlich egal. Wichtig ist mir, wie gesagt, das Prinzip und, dass mir oder unter Umständen anderen Patienten nicht noch einmal so etwas passiert. Sie können anhand der mitgeschickten Kopien ersehen, was gemacht worden ist. Ich möchte, dass das so aufrechterhalten wird!«
Die Antwort lautete: »Na gut, aber das kann dauern. Sagen wir: drei oder vier Jahre.«
»Und wenn es zehn Jahre dauert, das ist mir egal!« Damit legte ich auf.
Das Verfahren schwebt nach wie vor, und ich hörte seitdem noch nichts wieder.

***

In dieser neuen Klinik wurde ich operiert. Es ging auch alles gut, obwohl die OP lange dauerte und die Chirurgen mehr wegnehmen mussten als ursprünglich geplant. Am Morgen erfolgte die Operation, und am Nachmittag kamen die Ärzte in mein Zimmer und meinten, in den folgenden Stunden könne ich versuchen aufzustehen.

Abends erschienen zwei Schwestern, fassten mich von beiden Seiten unter die Arme und machten mit mir einige Schritte. Schon am nächsten Tag lief ich allein den Gang entlang - eine äußerst zufrieden stellende Tatsache. Eine Woche später durfte ich heim und bald darauf zur Kur.

Dort lernte ich wieder das Laufen und das Sitzen. Ich hatte noch Schmerzen, aber ich war erleichtert. Leider besserte sich im Weiteren mein Zustand nicht so, wie ich es mir ursprünglich vorgestellt hatte, denn verschiedene Beschwerden begannen erneut.

***

In dieser Zeit konnte man in der Zeitung lesen, dass man am Klinikum XXX ein Rückenzentrum eröffnen wollte. Ich rief sofort dort an und erhielt die Antwort: »Ja, wir helfen ihnen gerne, jedoch eines tut uns leid: Freie Behandlungstermine haben wir erst wieder in einigen Wochen.«

Ich meinte: »Solange es sich nicht um Jahre handelt ...«

Also bekam ich einen Termin, und mein Mann fuhr mich zur angegebenen Zeit hin. Die Ärzte äußerten nach der Untersuchung: »Da muss etwas getan werden! Wir machen auf alle Fälle erst einmal eine MRT. Jedoch ist auch so zu hören, dass es da hinten in Ihrem Rücken ganz schön knackt!«

Der Chefarzt bemerkte dazu noch, dass ein aktuelles Verfahren existiere, da operiere man neue Gelenke ein. Das erfordere jedoch einen Antrag von mir persönlich. Ich erwiderte, natürlich würde ich das tun. Wenn danach Besserung für mich in Aussicht wäre - auf alle Fälle!

Das könne auch wieder dauern, bekam ich zur Antwort. - Egal, ich wollte diese Chance nutzen!
Gesagt, getan. Nach vierzehn Tagen klingelte das Telefon, und ich vernahm: »Ihre Sachen sind jetzt da!«
Als ich zum OP-Termin kam, untersuchte mich der Arzt zunächst. Dann legte er die Teile, die einoperiert werden sollten, auf den Tisch und sagte zu mir: »Wollen Sie vorher noch eine weitere Meinung einholen?«
Ich antwortete: »Hören Sie zu! Sie sind Unfallchirurg, und Sie basteln das, was auf der Straße liegt, wieder zusammen. Also basteln Sie mich bitte auch wieder zusammen!«
Da lachte er sich fast kaputt.
Am folgenden Tag fand die besagte OP statt. Sie dauerte von früh dreiviertel acht bis nachmittags um vier. Die beiden Operateure kamen nach dem Aufwachen zu mir und brachten das Vergangene so zum Ausdruck:
»Das war keine Operation, sondern eine Schlacht!«

***

Am Morgen darauf betrat eine Schwester das Krankenzimmer. Sie stellte mir kurzerhand eine Schüssel hin und sagte, ich solle mich waschen. Während sie noch sprach, beförderte sie das Bett in eine steile Schräglage, sodass ich nach vorn und unten rutschte und dabei gestaucht wurde. Das alles geschah ohne Vorwarnung. Sie kannte offensichtlich überhaupt nicht meinen Zustand. Durch den plötzlichen Ruck gab es einen stechenden Schmerz in der Wirbelsäule, und ich musste laut schreien. Außerdem verursachte die Stauchung innere Blutungen.
Der behandelnde Arzt hatte schon befürchtet, dass man die OP-Naht erneut öffnen müsse. Natürlich stand ich ab sofort unter besonderer Überwachung.
Ich hing mittlerweile wiederholt am Schmerztropf. An einem solchen Abend bat ich die Schwester, ob ich noch etwas Stärke-

res bekommen könne gegen die Schmerzen, weil ich es fast nicht mehr aushielte. Daraufhin gab sie mir eine Tablette mit dem Ergebnis, das ich zum ersten Mal seit langem wieder richtig durchschlafen konnte.

Als ich am nächsten Morgen erwachte, dachte ich, ich läge in einer stinkigen, matschigen Badewanne. Der Grund: Mein Bett war so was von nass, das tropfte buchstäblich!

Und da entdeckte ich neben mir noch etwas: ein frisches Schlaflager und ein neues Nachthemd.

Ich hatte ja ein Einzelzimmer. Die Schwester musste anscheinend beobachtet haben, wie ich hantierte. Sie kam dann herein, wusch mich, zog mir die neuen Schlafsachen an, half mir in das andere Bett und klopfte mir zum Abschied freundschaftlich auf die Schulter.

Ich weiß bis heute nicht, was für eine Tablette das gewesen war. Doch offensichtlich hatte sie geholfen. Denn in der Folgezeit wurde es deutlich besser mit mir! Auch die Entzündung ging zurück. Nach einer reichlichen Woche durfte ich heim, und kurz danach bekam ich eine Kur.

Dort freuten sie sich schon, weil ich ja immerhin zum dritten Mal an diesem Ort erschien. Ich konnte mich inzwischen als eine Art Stammgast bezeichnen. Zur Entlassung meinten sie zu mir: »Als Patient wollen wir Sie aber bitte hier nicht noch einmal begrüßen müssen!«

»Das will ich ebenfalls vermeiden - auch wenn es mir bei Ihnen gefällt!«

Nach der Entlassung konnte ich wieder schön laufen und sitzen - bislang keine Selbstverständlichkeit. Ich bekam den Rat: »Machen Sie im Anschluss noch eine ambulante Kur!« Das befolgte ich auch, musste dafür allerdings mehrere Tage in der Woche in eine zwanzig Kilometer entfernte Stadt fahren.

***

Voriges Jahr im März war mir eines Abends einfach nur mies zumute. Halb acht ging ich ins Bett, um zu schlafen. Jedoch, mir wurde übel, sodass ich mich übergeben musste. Am nächsten Morgen ging es mir auch noch nicht besser. Mein Mann stellte das Telefon bereit, damit ich im Notfall anrufen könne. Dann führe er sofort mit mir ins Krankenhaus. Er müsse jetzt auf Arbeit. Oder solle er gleich den Arzt rufen? Ich meinte nein, sie könnten mir eh kaum helfen und drehte mich wieder herum.
Als er um dreiviertel vier nach Hause kam, lag ich immer noch im Bett. Anrufen - das hatte ich überhaupt nicht mehr fertiggebracht. Ich landete zunächst im Krankenhaus. Jedoch dort fragten sie ratlos, was sie jetzt mit mir machen sollten. Also ab in die nächste Klinik. Als Erstes kam ich hier an die Dialyse, dann folgte ein Luftröhrenschnitt. Anschließend machte sich eine Wiederbelebung notwendig.
Eine Woche später holten sie schließlich meine beiden Söhne und fragten sie, ob sie denn unter diesen Umständen die Geräte abschalten dürften. Die einhellige Antwort lautete: »Unsere Mutter ist eine Kämpfernatur - es wird keinesfalls abgeschaltet!«
Einer der Ärzte meinte jetzt, das käme weder vom Rücken noch vom Schmerzpflaster noch von den Tabletten. Da gäbe es offensichtlich irgendetwas anderes. So schoben sie mich wiederholt in die Röhre für eine Computertomografie.

***

In der Folgezeit wurde ich jedoch wieder mehrfach bewusstlos. Kurz gesagt: Fünfeinhalb Wochen später erwachte ich aus dem Koma.
Unterdessen hatte es eine Schädel-OP gegeben, wobei sie mir einen Tumor entfernten, so groß wie ein Tischtennisball, der zwischen die Gehirnlappen gewachsen war.
Erneut hieß es: Reden lernen, Laufen lernen - also eigentlich alles neu lernen. Tremor hatte ich beidseitig, ich konnte auch

kaum mehr etwas festhalten. Außerdem hörte ich später, dass ich dreimal wiederbelebt werden musste, während ich im Koma lag, und dass es im Kopf einige Einblutungen gegeben hätte.
Nach dieser Operation stellte sich heraus, dass leider noch ein Stück des Tumors im Hirn verblieben war, jedoch operativ unzugänglich. Die Geschwulst wurde als gutartig erkannt; der Tumor könne aber wiederkommen.

***

Betreffs der Gewährung von Rente gab es eine Reihe Gutachten. Einige Streiflichter davon: So wurde unter anderem geschrieben: »Die Patientin kam mit Designerschuhen in die Praxis und verließ diese am Ende vorderwärtig über die Treppe.«
Bei den sogenannten Designerschuhen handelte es sich um Adidas-Turnschuhe vom Vietnamesen, denn ich konnte nur noch Schuhwerk mit flachen Absätzen tragen wegen des Rückens und der kaputten Füße. Und ich ging am Schluss die Stufen hinunter (wobei ich mich am Geländer festhalten musste, weil es in der Praxis keinen Fahrstuhl gab).
Als ein weiterer Gutachter seine Untersuchungen beendet hatte, durfte ich die Schuhe wieder anziehen und bat deswegen um einen Schuhanzieher. Nein, den gab es augenscheinlich nicht. Also zog ich meine Schuhe so an. Plötzlich änderte sich die Situation, und der Mann holte das Gerät aus irgendeiner Ecke. War es ein Test gewesen, ob ich mir alleine helfen könnte??
Oder: Ein Gutachter sagt da zum Kollegen: »Ja, wenn er das befürwortet, eckt er bestimmt in der Rentenstelle an. Dann ist der nächste Nepalurlaub weg.«
Bei einer anderen derartigen Untersuchung wurde ich eine Wendeltreppe hinaufgeschickt. Oben angelangt, vernahm ich: »Ach so, es gäbe da noch einen Fahrstuhl ...« Ich darauf: »Bin ich die Treppe hinaufgekommen, dann gehe ich sie auch hinunter!«

Dabei musste ich die Stufen rückwärts herunterlaufen, wie zu Hause.
Die Rentenstelle war jedoch der Meinung, dass es mir nach diesen zwei Jahren wieder gut ginge. Sie schrieben die Rente nur befristet aus. Ich hatte schon früher wegen des Rückens einen Antrag gestellt. Aber man glaube nicht, dass man sie unter meinen Umständen widerspruchslos gewährte!
Schließlich meinte ein Gutachter zum Lebensgefährten: »Es tut mir leid, eine Befürwortung der Rente ist unmöglich. Ihre Frau ist weder verrückt, noch ist sie Alkoholikerin. Ich weiß schon von den Schmerzen Ihrer Frau, jedoch für solche Leiden gibt es keine Messgeräte und daraufhin wird keine Rente gezahlt.«
»Schmerzen sind nicht messbar«.
Diesen Satz muss ich mir gut merken.

Und wie steht es sonst um mich?
Mein Weitwinkelblick ist weg, und auf der Pupille sind schwarze Flecken. Der Blick ist rechts getrübt.
Ich kann nichts mehr riechen und nichts mehr schmecken. Aber trotzdem bin ich in der Lage, etwas Leckeres zu kochen oder zu backen. Von den Personen, denen ich von mir selbst Gekochtes oder Gebackenes anbiete, hat sich noch keiner beschwert, angefangen mit meinem Mann.
Alles fällt mir aus der Hand. Es dreht mich nach rechts weg. Ich habe ständig einen Drehwurm.
Zum Herumlaufen draußen benötige ich den Rollator.
Ans Fahren brauche ich unter diesen Umständen überhaupt nicht zu denken.
Die Schäden, die jetzt sind, bleiben auch - so lautet die Perspektive.
Zum Beispiel beim Arbeiten in unserem Garten kann ich folglich meinem Mann nur bedingt helfen. Das sieht dann eben so aus, dass ich mit Knieschützern im Beet hocke und Unkraut zupfe ...
Ergotherapie und Physiotherapie kommen glücklicherweise ins Haus. Zum Rehasport in die nächstgelegene Stadt muss mich mein Mann bringen, ebenso zu sämtlichen Arztbesuchen.
Diese teilweise ungünstigen Gegebenheiten halten mich niemals davon ab, um jedes Stück Lebensqualität zu ringen.
Ich bin meiner Familie äußerst dankbar ob ihrer damaligen Entscheidung, die Maschinen nicht abzuschalten.
Überhaupt erhalte ich zu Hause jegliche Unterstützung und das ist mir ungeheuer wichtig.

Dirk R.
geb. 1962, Maschinenprogrammierer
geschieden, ein Kind

»Ich habe im Laufe der Jahre erkannt:
Optimismus ist eben der einzige reale Weg,
um vorwärtszukommen.«

Mein Vorleben war ein ganz normales Familienleben mit Kind wie bei vielen anderen auch. Jeder Ehepartner ging seiner Arbeit nach. Wer das kennt: zwei Berufstätige - Familienleben mit Kindern - alles unter einen Hut bringen ... da gibt es eine ganze Menge Stress zu bewältigen. In der Wohnung war immer etwas los, wenn ich von der Arbeit kam. Mitunter gab es da keine Ecke, wo man sagen konnte: Jetzt habe ich meine Ruhe. Auch wenn eventuell dieser Winkel gerade sehr nötig gewesen wäre.
Im Urlaub fuhren wir öfter nach Ungarn.
Ursprünglich lernte ich Facharbeiter für Wärmekraftwerksanlagen. Dieses Berufsbild veränderte sich übrigens infolge der Automatisierung stark.
Nach der Wende war ich einige Jahre viel unterwegs und schlug mich berufsmäßig verschiedenartig durch. So arbeitete ich eine längere Zeit in einem Betrieb, in dem ich Computer zusammenschraubte, also im weitesten Sinne Montagearbeiten verrichtete. Dann wieder war ich im Häuserbau tätig, als Trockenbauer.
Was Weiterbildungen anbetrifft, so hatte ich auch eine Umschulung zum SPS-Programmierer absolviert und dafür schon eine entsprechende Arbeitsstelle in Aussicht.

***

Einen großen Teil meiner Freizeit steckte ich in meine Tätigkeit als Discjockey. Diese Gemeinschaft im »Saloon« wurde für mich eine Art zweites Zuhause. Logischerweise war ich dort am Wochenende häufig zu finden.
Ich ging an einem Frühjahrstag des Jahres 2004 vom »Saloon« nach Hause, nachdem die Party mit den »Goodmornings«, der Gruppe, die im »Saloon« gespielt hatte, zu Ende gegangen war.
Zu Hause angekommen, legte ich mich schlafen wie immer in so einem Fall.

Doch diesmal war es anders. Ich wachte irgendwann mitten in der Nacht mit einem eigentümlichen Rauschen im rechten Ohr auf. Eines schaffte ich: Meine Frau konnte ich noch bitten, ganz schnell die 112 anzurufen - da fiel ich auch schon um. Dadurch, dass sie gleich handelte und den Notarzt anrief, hatte ich großes Glück - so war vorerst »nur« mein Motorikzentrum im Gehirn ausgeschaltet gewesen.

Es gab zunächst wirre Träume, die Realität stellte sich jedoch so dar: Ich befand mich in einem Krankenhaus und erwachte dort nach rund zwei Wochen künstlichem Tiefschlaf. Was tatsächlich mit mir geschah, bekam ich erst in der nächsten Zeit bröckchenweise mit.

***

Was war passiert? Einen Auslöser der schlimmen Geschehnisse konnte ich wohl meinen hohen Blutdruck nennen. Alles hatte sich über die letzten Jahre allmählich aufgebaut und nun ganz übel umgesetzt.

Was weiterhin eine Rolle gespielt haben mag: Stress - nebenbei Musik gemacht - Rauchen - Gewicht ...

Kurzum: In meinem Kopf erfolgte ein Aderriss infolge des hohen Blutdrucks. Die Erinnerung zeigte, dass es in der Vergangenheit bei mir ab und zu Kopfschmerzen gegeben hatte, manchmal zudem ziemlich starke. Doch: Welchen Wert misst man dem zu? Wohl keinen besonders großen! Vielen geht es so, dass sie ab und zu über Kopfschmerzen klagen ...

Bei mir mündete das alles in einen Schlaganfall, und zudem einen ziemlich starken.

Meine Diagnose las sich so: Hirnstammbluten bei einem Blutdruckwert von 280. Trotz akuter Lebensgefahr überstand ich das und durfte es jetzt mit den Auswirkungen aufnehmen.

***

Als ich aus dem Koma erwachte (besser: aufgeweckt wurde), bekam ich zunächst kaum etwas mit. Eine der ersten Fragen, auf die ich eine Antwort suchte: Wie viel Zeit war wohl vergangen: Wochen ... Monate ... Jahre ... Jahrzehnte ... oder eventuell Jahrhunderte? Keine Ahnung, alles erschien mir möglich; das Zeitgefühl war mir abhanden gekommen.

Ich konnte zunächst nicht einmal selbstständig atmen. Was die Verständigung anbetraf, so gab es für mich nur die Möglichkeit, die Augen zu bewegen. Meine Angehörigen freuten sich schon riesig darüber, als an einer Hand plötzlich ein Finger zuckte.

Bei meiner Körperlähmung handelte es sich um eine beidseitige. Links war trotzdem ein Körpergefühl da, dagegen rechts überhaupt nicht. Darum dachte ich anfangs, ich sei halbseitig gelähmt.

So verflog im Krankenhaus die Zeit, beispielsweise mit verschiedenen Therapien wie etwa Physiotherapie, wobei ich manchmal auch in einen Rollstuhl gesetzt wurde.

Oft dämmerte ich einfach vor mich hin.

In dieser Phase gab es unter anderem ein spezielles Verständigungsgerät, nämlich eine umklappbare Tafel mit Buchstaben und Zahlen, auf die ich mit der linken Hand zeigen konnte. Sprechen ... einfach undenkbar für mich!

Ungefähr nach einem Vierteljahr wurde ich von der Intensivstation auf die reguläre Station für Frührehabilitation verlegt.

In dieser Zeit bekam ich, wenn ich auf der Seite lag, in der Hüfte und später in den Knien höllische Schmerzen. Daraufhin wurde ich geröntgt, und man entdeckte dabei »etwas Grieß« um die Hüftgelenke herum. Kurz und gut: Ich sollte meine Schmerzgrenze höher ansetzen - und fertig.

Das Personal ging unterschiedlich mit diesem Fakt um. Die meisten jedoch bestanden auf der Einhaltung der Seitenlage bei mir - trotz starker Schmerzen.

Bei einer Blutuntersuchung in den folgenden Tagen stellte man zudem noch fest, dass meine Leberwerte nicht besonders gut wären. Man könne mir aber neben meinen sämtlichen Medikamenten, die ich jetzt schon bekam, nicht noch Antibiotika geben. Denn da wäre im Blut ein erhöhter Bakterienanteil zu bemerken, dessen Ursache erst einmal herausgefunden werden müsse.

Heute stelle Ich mir die Frage: Wäre zu dieser Zeit mit Antibiotika einiges noch heilbar gewesen??

Ich weiß manchmal selbst nicht, ob ich die Ärzte, die mich wieder zurück ins Leben geholt hatten, nun verfluchen soll oder ob ich mich bei ihnen bedanken müsste. Jedoch ist zu bedenken: Sie konnten beim besten Willen nicht wissen, was noch käme.

Also halte ich es aus begreiflichem Grunde für überhaupt nicht gut, seine Zukunft vorhersehen zu können ...

Schließlich wurde ich nicht mehr beatmet und man entschied, dass ich eine Sprechkanüle bekommen sollte. Von Sprechen konnte zunächst nicht die Rede sein, denn mehr als ein Brummen bekam ich nicht heraus. Schließlich hatte ich drei Monate lang überhaupt nicht gesprochen. So musste ich das Sprechen mit dieser Methode neu erlernen.

Nach einigen Tagen geschah jedoch Folgendes: Nachts verrutschte das Gerät - irgendwie sah ich noch Blut spritzen - dann einen Operationssaal oder so etwas - dann nichts mehr - Koma.

***

Es kamen wieder wirre Träume mit viel Mist während einer Woche im künstlichen Koma. Anschließend gab es einen Reha-Aufenthalt für mich. Wieder hatte ich während dieser Zeit zum Atmen eine Trachialkanüle im Hals. Außerdem befanden sich drei Schläuche im Körper - für Beatmung, für Ernährung und zur Entwässerung.

Zweifellos waren sämtliche Geschehnisse an meinem Gehirn nicht spurlos vorübergegangen. Das merkte ich daran, dass eigentlich selbstverständliche Dinge nicht funktionierten: laufen, sprechen, essen und noch einiges mehr.

Beispielsweise das Essen musste ich im Grunde neu lernen. Warum? Beim gesunden Menschen ist die automatische Unterscheidung zwischen Speiseröhre und Luftröhre kein Problem. Aufgrund von Schluckstörungen musste Ich anfangs jedoch eine spezielle Schluckkost zu mir nehmen: breiförmiges Essen und Getränke in angedickter Form. Nur allmählich war mir wieder normale Kost möglich.

Es wurden Tests durchgeführt mit Fragen der Art: »Welcher Tag ist denn heute?« oder »Welche Zahl ist die nächste nach der Vier?« und so weiter.

Meine gegenwärtige Feststellung ist es übrigens, dass ich die Frage nach dem Datum auch jetzt oft nicht beantworten kann. Warum? Weil sich die Tage kaum voneinander unterscheiden; nur durch die gerade stattfindenden Therapien oder Arztbesuche oder, wenn die Rente ausgezahlt wird.

Was das Laufen anbetraf, da begann man mit Physiotherapie. Als sie mich aufs Laufgestell hängten, brach ich mit Schmerzen an den Hüften und an den Knien zusammen. Zu allem Überfluss kam es irgendwie nachts noch zu einer Lungenentzündung, wobei mir Erbrochenes in die Lunge geriet. Daraufhin machte sich wieder künstliche Beatmung notwendig.

Ich wurde dann auch in eine andere Klinik verlegt. Zum Glück gab es erst einmal keine weiteren unliebsamen Zwischenfälle. Ansonsten habe ich an diese Zeit kaum Erinnerungen.

Immer wieder machte mir bei physiotherapeutischen Behandlungen meine Hüfte Probleme; ich verspürte fast immer Schmerzen. Bis mir schließlich die Hüftköpfe entfernt wurden. Das brachte Erlösung, denn als ich erwachte, waren die Schmerzen weg (vom Wundschmerz abgesehen).

So überlebte ich im Laufe dieses ersten Jahres einige nicht alltägliche, unschöne Dinge: Einen starken Schlaganfall, Hirnbluten, eine verrutschte Sprechkanüle, dazu zwei Lungenentzündungen und die Entfernung der Hüftköpfe.

***

Nach Hause ...
Der Krankenwagen brachte mich zum Haus meiner Eltern. Dieser Umzug machte sich für mich notwendig, denn meine ursprüngliche Wohnung befand sich in der dritten Etage, natürlich ohne Fahrstuhl. Meine Eltern dagegen wohnten im Erdgeschoss. Seit ich zu Hause bin, werde ich auch von meinen Eltern betreut.

Die erste Zeit war es zu Hause gewöhnungsbedürftig - für alle Seiten. Zwei Stunden im Rollstuhl, mehr hielt ich nicht aus. Im Körper hatte ich zudem zwei Schläuche: die Magensonde und für die Entwässerung den Katheter.

Mein Aussehen war stark verändert: Brille, kurze Haare.

Der Tag begann früh zwischen vier und sechs Uhr zunächst mit ergo- und physiotherapeutischen Übungen zur Kräftigung der Rückenmuskeln, Streichung gegen die Verkürzung der Oberarme, Übungen für den Aufbau der Hüftmuskulatur und Ähnliches.

Waschen, Rasieren, Zähneputzen und schließlich Frühstück - das bedeutete im Grunde schon drei Stunden Therapie, bevor am Vormittag die Therapeuten kamen. Den größten Teil des Tages lag ich in meinem Pflegebett.

Die nachfolgenden Monate vergingen in dieser Weise mit den verschiedensten Behandlungen: Physiotherapie nach Bobath und wöchentlich eine Doppelstunde Wassertherapie. Die Ergotherapeutin gehörte schon fast zur Familie; außerdem waren da logopädische Übungen.

Ergebnis: Die Fortschritte kamen in kleinen Portionen. Leider gab es auch manchmal Rückschläge zu verzeichnen.
Das ist jedoch das Wichtigste bei den Therapien: Du spürst, du bist nicht umsonst hier, denn durch die Therapie hat sich etwas verändert. Der Therapeut kann dir helfen, aus deinem Zustand herauszukommen, der ist kompetent - hier bist du richtig.
Was mir jedoch erst nach und nach klar wurde: Die Therapeuten geben lediglich Anregungen. Erst das eigene Umsetzen dieser Anregungen bringt den eigentlichen Erfolg.
Anfang des Jahres 2005 wurde eine weitere Reha genehmigt: Das bedeutete: Ergotherapie, Physiotherapie und andere Therapien, und das in konzentrierter Form. Zum Glück konnte meine Magensonde endlich entfernt werden - ein beträchtlicher Fortschritt.
Eigentlich glaubte ich noch fest daran, dass ich, nachdem genügend Zeit ins Land gegangen wäre, mein bisheriges Leben mit wenigen Abstrichen wieder aufnehmen könne ...
Aber nein ...

***

Jetzt nach einigen Jahren muss ich beispielsweise erkennen, dass das das Sprechen nie wieder genauso sein wird wie vorher. Dafür fehlt einfach die Luft. Aber für »normale Unterhaltungen« genügt es. Ich werde von den Leuten verstanden. Wenn irgendetwas nicht ankommt, kann schließlich nachgefragt werden.
Bei Gesprächen kommt es zum Beispiel vor, dass ich mich oft wiederhole. Sofern ich keine Rückmeldung erhalte, könnte ich nämlich daraus schließen, der andere hat mich nicht verstanden, Manche denken dann irrtümlicherweise, man sei senil, und man wird folglich überhaupt nicht für voll genommen, toll!

***

Zum Thema »Selbsthilfegruppe«: Mutter meinte, wir könnten doch einmal dorthin gehen. Ich brummte zurück: »Was will ich denn dort, auch noch über Krankheiten reden?« Wir bekamen uns richtig in die Wolle deswegen.

Mir ging immer folgender Gedanke durch den Kopf: Wenn Leute nur noch zusammenkommen, um über Krankheiten zu reden, das kann es ja wohl nicht sein!! Bedeutet das dann, dass man nun alt ist!? Dieser Gedanke gefiel mir überhaupt nicht. Und da war noch diese Vorstellung: In Selbsthilfegruppen sitzen sie alle im Kreis und heulen gemeinsam über die Krankheit. Auch nicht besonders schön.

Vier Jahre nach dem Schlaganfall kam ich selbst mit dem Vorschlag, zur Selbsthilfegruppe hinzugehen. Dort kann man anderen helfen und in jedem Fall Impulse für sich finden. Heute ist es so: Ob Tätigkeit im Selbsthilfeverein oder Elterninitiative - das ist eine Art Lebensinhalt für mich geworden.

Dort, wo ich Diskjockey war, tauche ich regelmäßig auf und wir haben schon einige schöne Benefizkonzerte veranstaltet. Auch hier geht also mein Leben weiter!

***

Neu für mich ist auch, dass »Zeit« eine völlig andere Bedeutung hat. Das geht los bei ganz simplen Dingen, wie zum Beispiel damit, einfach aufzustehen. Das macht der gesunde Mensch automatisch, ohne groß darüber nachzudenken. Ich muss mich festhalten, ans Gleichgewicht denken und vieles mehr. Für diese Überlegungen benötige ich extra Zeit. Konkreter: Ich muss aufstehen (und mich dabei festhalten, damit ich nicht umfalle) ... Ich möchte dort rüber laufen (wie weit ist es bis dorthin, wo muss ich am besten entlang, ist der Weg für mich problemlos zu bewältigen?) ... Also muss ich aufpassen, dass ich nirgendwo anstoße und nichts umwerfe ... Sind da etwa noch irgendwelche anderen Hindernisse? Und so weiter ...

So kosten Selbstverständlichkeiten sehr, sehr viel Zeit, sagt da eventuell ein Außenstehender.
Oder nehmen wir das Schreiben eines einfachen Satzes. Heute freue ich mich, dass ich überhaupt in der Lage bin zu schreiben.
Hinzu kommen Probleme im optischen Bereich oder die verlangsamte Reaktion.
Die meisten Personen in meinem Umfeld haben begriffen, dass all die Handicaps äußerlicher Natur sind und dass ich innerlich ziemlich normal geblieben bin.

***

Das Verhältnis zu anderen Menschen kann sich mitunter gravierend verändern. Manche Bekanntschaften bleiben, andere laufen dir einfach weg. Letzteres ist zum Glück nur teilweise so. Das liegt auch daran, dass sich einiges an der ganzen Interessenlage ändert.
Unter Umständen kann man nicht einmal mehr sprechen - oder man kann nicht laufen, sondern muss irgendwohin gebracht werden. Besonders heute ist es oft so, dass einigen Menschen schlicht die Geduld fehlt.
Was Hilfe betrifft, so stehen zwei Fragen: 1. Bist du auf Hilfe angewiesen? und 2. Nimmst du die angebotene Hilfe an?
Du hast sowieso nur zwei Möglichkeiten: Entweder du stehst auf oder du bleibst liegen. Bleibst du liegen, ... Das brauchen wir nicht weiter zu erörtern. Stehst du aber auf, dann musst du alle Hilfen annehmen, die möglich sind. Dann steht Hilfe an erster Stelle.

Was mir passiert ist, begann im Jahr 2004. Das ist inzwischen lange her.

Die Arbeit - danach weiter Stress zu Hause als Familie mit Kind - die Tätigkeit als Diskjockey - das Rauchen - alles auf einmal - daraufhin kam ein schlimmer Warnschuss ... So ist auch alles für mich erklärbar. An ein »Schicksal« glaube ich nicht.

Es ist sehr wichtig, dass man mit dem Kämpfen um Fortschritte nicht aufhören darf, auch wenn es schwerfällt.

Hinterher mit »Hätte ich nur ...!« zu kommen, das bringt gar nichts! Man muss seine Lage akzeptieren und das Beste daraus machen, anders wird es nichts.

Die Familie ist in jedem Falle eine wertvolle Unterstützung, ohne die es unendlich schwerer wäre. Jedoch andere Bezugspersonen findet man nur, indem man auf die Menschen zugeht.

Wie ist meine aktuelle Lage? Ich habe eine linksbetonte Tetraparese, keine Hüftköpfe, eine halbseitige Gesichtslähmung und lebe mein Leben als Behinderter mit Rollstuhl. Trotz alledem empfinde ich mein Leben als normal.

Manche sagen: »Ich würde nie damit so fertig werden wie du.« Allerdings, wenn du selbst in der Situation bist, dann musst du anders denken.

Man weiß in so einem Falle übrigens erst hinterher viele Sachen richtig zu schätzen. Es ist aber auch sehr unschön zu sagen: Da muss erst etwas passieren, ehe man etwas zu schätzen weiß?! Andererseits ist es doch so, dass jeder für sein eigenes Leben und damit ebenfalls für alle Risiken selbst verantwortlich ist.

Für die selbst Betroffenen gilt in jedem Falle: Aktiv sein, egal was man macht! Hauptsache, man bewegt den Körper und den Geist.

Den Angehörigen kann ich nur raten, Geduld zu haben und den Betroffenen Zeit zu geben. Im Kleinem wie im Großen.

Ich habe im Laufe der Jahre erkannt: Optimismus ist der einzig reale Weg, um vorwärtszukommen.

Uwe B.
geb. 1956, BMSR-Techniker
verheiratet, zwei Kinder

»Als wir in einer Gaststätte waren, kam es plötzlich
dazu, dass mein Kopf unvermittelt auf
den Teller fiel. Ich konnte mich später nicht mehr
erinnern, wie ich an diesem Tag
nach Hause gelangt war.«

Meinen Beruf lernte ich bei der Wismut. Dort war ich viele Jahre tätig, zum Beispiel als Grubenelektriker im Dreischichtsystem. Wie bei zahlreichen anderen in meinem Alter hinterließ die Nachwendezeit mit ihrem Kahlschlag starke Wirkungen. Es gab immer wieder zeitweilige Beschäftigungen für mich, etwa im Außendienst beim Lehrmittelvertrieb oder beim Recycling von Kfz-Ausstellungen in ganz Sachsen, also verschiedenste Tätigkeiten.

Im Zeitraum um 1997 sah ich mich gezwungen zu einer beruflichen Umorientierung, denn es stand ja immer die Aufgabe, eine vierköpfige Familie zu ernähren. Gleichzeitig hatte ich die Perspektive, noch rund fünfundzwanzig Jahre arbeiten zu müssen.

So beschloss ich, mein Hobby - das Backen - zum Beruf zu machen. Es ergab sich in Zusammenhang mit der Lehrstellensuche für meinen großen Sohn, dass ich begann, das Bäckerhandwerk zu erlernen. Es gab die Perspektive, dass ich den Backwarenbetrieb, in dem ich lernte, später übernehmen könne. Gründe existierten einige: Der Bäckermeister stand kurz vor der Rente, gesundheitlich war er schon ziemlich angegriffen, und außerdem existierte kein Nachfolger. Deswegen lag der Gedanke einer Geschäftsübernahme nahe. Ich hatte sowieso schon häufig eine Vielzahl der Aufgaben übernehmen müssen, wenn er wegen Krankheit ausfiel.

Dieses Vorhaben erforderte nicht nur meinen Abschluss als Geselle, sondern auch die Meisterprüfung, denn ein solcher Schritt bedeutete sowohl fachlich als auch rechtlich meine Befähigung zur Führung eines Bäckerbetriebes.

Die Ausbildung absolvierte ich in den Jahren 1997 bis 2000 - im Ergebnis sehr harte Jahre. Diese bestand aus zwei Teilen, einerseits die fachlich-praktische und andererseits die theoretische Seite. Das bedeutete einen hohen physischen und psychischen Aufwand und das nicht nur für mich allein.

Eine Arbeitszeit von sechzig bis siebzig Stunden in der Woche war in dieser Phase keine Seltenheit. Denn nachts ab ein Uhr wurde gebacken, und am Nachmittag fünfzehn oder siebzehn Uhr rückte die Zeit in der Meisterschule heran, die meistens erst gegen einundzwanzig Uhr endete. Nach vier Stunden Nachtschlaf drehte sich das Karussell erneut ...
Dieses »Spiel« gab es über die ganze Woche.
Das Entscheidende jedoch: Im Jahr 2000 konnte ich endlich die Ausbildung erfolgreich abschließen und voller Erleichterung auf die vielen Mühen zurückblicken. Es war ein schöner Moment, als mir von der Handwerkskammer feierlich der Meisterbrief überreicht wurde. Man kann sich vorstellen, wie ich mich fühlte, als ich diese Urkunde im Bäckerladen anbrachte, damit alle das Resultat sehen konnten.
Mein Sohn schloss seine Lehre ebenfalls erfolgreich ab, und so stand der Übernahme des Betriebes nichts mehr im Wege.
Doch die Arbeit hatte natürlich kein Ende. Mir war im Grunde schon vorher klar gewesen, was sich hinter dem Wort »selbstständig« verbarg, nämlich, ständig selbst tätig zu sein. Was dies in der Praxis bedeutete, durfte ich nun erleben. Meine Ahnung war nur ein kleiner Vorgeschmack gewesen, das merkte ich jetzt. Meine Frau stieg übrigens auch mit ins Geschäft ein und beendete ihre bisherige Tätigkeit als Horterzieherin in einem weiter entfernten Ort. Also konnte man unsere Bäckerei als echten Familienbetrieb bezeichnen. Im folgenden Jahr gelang es uns, den Betrieb aus den roten Zahlen herauszuwirtschaften.
Diese Vorgehensweise hatte leider auch Konsequenzen. Für mich bedeutete das, dass ich durch die ständige Belastung (gemeint ist auch die Verantwortung) in den sogenannten negativen Stress verfiel. Ursache ist, dass der Körper keine Gelegenheit mehr hat, sich zu regenerieren.
So kam es im folgenden Frühjahr bei mir zu einem ersten Bandscheibenvorfall. Das Schleppen der schweren Mehlsäcke war für

mich folglich nicht mehr machbar, und ich musste die betriebliche Organisation verändern. Gerade die »Ofenarbeit« hieß konkret, an einem Tag insgesamt rund eine Tonne an Gewicht zu bewältigen.

Bei mir häuften sich in Ruhephasen unerklärliche Ohnmachtsanfälle, die sich als TIAs herausstellten.

Einmal musste man mich mit Blaulicht ins Krankenhaus bringen, wo ich anschließend drei Tage zubrachte. Letzten Endes stellten die Mediziner jedoch nichts Konkretes fest, so dass ich unverrichteter Dinge wieder nach Hause geschickt wurde.

In dieser Zeit planten wir zur Himmelfahrt einen Ausflug mit dem Fahrrad in die nähere Umgebung unseres Wohnortes. Als wir in einer Gaststätte waren, kam es plötzlich dazu, dass mein Kopf unvermittelt auf den Teller fiel. Ich konnte mich später nicht mehr erinnern, wie ich an diesem Tag nach Hause gelangt war.

Das schilderte ich zwei Tage später meinem Hausarzt, der mich sofort in ein Krankenhaus für Neurologie einwies. Dort wurde ich durchgecheckt, aber schließlich als arbeitsfähig entlassen. Man attestierte mir nach den zahlreichen Untersuchungen lediglich eine psychosomatische Erkrankung, etwas anderes war nicht zu finden. Andererseits wiesen die von mir geschilderten Symptome wie Umfallen, Bewusstlosigkeit und starke Beeinträchtigungen des Gleichgewichts, mit denen ich in dieser Zeit täglich konfrontiert war, eindeutig darauf hin, dass da sehr wohl etwas sein musste. Die Ärzte nahmen es anscheinend einfach nicht genügend ernst.

Ich kann mich an einen Tag erinnern, als ich in meinem Krankenzimmer saß, umgeben von immerhin fünf Ärzten, die mir erklären wollten, dass ich mich vergleichen könne mit einer Maus, die vor einer Schlange hockte und Angst verspürte. Das Gefühl von Panik und Angst hätte letztendlich im Gehirn zu diesen Aussetzern geführt. Das Kuriose an der Geschichte: Ich wurde wiederum als arbeitsfähig entlassen.

Zwei Tage später, an einem schönen Frühlingstag, einem Samstag, gab es erneut einen eigenartigen Vorfall: Früh stand ich wie immer auf und ging zur Toilette. Jedoch weiß ich nicht, wie ich von dort wieder zurückkam.

Da kann ich nur noch auf Berichte meiner Frau zurückgreifen, die daraufhin sofort den Notarzt rief, als sie mich bewusstlos liegen sah. Dieser erschien umgehend. Allerdings musste man mich dann im Rettungswagen wiederbeleben, bevor ich ins Krankenhaus gebracht werden konnte.

Außerdem erinnere ich mich dunkel daran, dass ich in der Klinik mehrere Stunden auf dem Gang stehen gelassen wurde, ohne dass irgendetwas mit mir geschah. Keiner kümmerte sich um mich. Als Grund erfuhr ich später, dass es derzeit in diesem Krankenhaus ungewöhnlich viele Patienten gegeben hätte.

Zur Bewältigung der vielen dort anstehenden Aufgaben war damals übrigens ausschließlich ein Assistenzarzt zugegen. Außerdem fiel mir auf, dass die vorhandene Untersuchungstechnik nicht eingesetzt wurde, warum auch immer ...

Als ich mich wieder soweit gefangen hatte, dass ich mich zumindest selbst äußern konnte, verlangte ich die umgehende Verlegung in ein anderes Krankenhaus, und zwar in dasselbe, wo ich drei Tage vorher als arbeitsfähig entlassen worden war.

Hier wurde vom zuständigen Chefarzt umgehend eine Computertomografie angeordnet. Und siehe da! Erkenntnis war unter anderem, dass es einen Hirninfarkt bei mir gegeben hatte. Diese Diagnose hätte eigentlich schon vor ein paar Tagen gestellt werden sollen!

Ich bestand nun auf eine gerichtliche Untersuchung, und diese ergab, dass das erste Krankenhaus zunächst nichts festgestellt hatte. Im zweiten Krankenhaus wurde kurze Zeit später ein Schlaganfall diagnostiziert. Dieses Ergebnis ärgerte mich natürlich, und ich bemühte mich in der Auseinandersetzung zumindest um einen Ausgleich.

Übrigens: Auf die Frage des Richters, ob ich sagen könne, während der Behandlung ordentlich versorgt worden zu sein, konnte ich verständlicherweise keine Antwort geben, denn in so einer Situation ist man entweder gar nicht bei Bewusstsein oder zumindest nicht richtig »bei Troste«.
Ein in Auftrag gegebenes gerichtliches Gutachten sagte aus, dass die Ärzte im Ermessensspielraum gehandelt hatten. Kein Kommentar ...
In dieser Situation begann auch ein Ringen mit Arbeitsamt - Krankenkasse - Rentenstelle. Ich kam mir vor wie in einem Kreisel, wo ich zwischen den einzelnen Institutionen hin und her geschubst wurde.

***

Etwas, was mich in dieser Zeit noch ziemlich stark belastete, waren Depressionen, und das insgesamt über annähernd acht Jahre. Wie muss man sich das vorstellen? Bildlich gesprochen: Ich fühlte mich gefangen wie in einem großen schwarzen Loch, aus dem ich einfach nicht herauskam. Das ging hin bis zu Suizidgedanken, wenn ich weder ein noch aus wusste. Bei der Bewältigung dieser schlimmen Situation half mir in hohem Maße meine Familie. Meine Frau sowie auch die beiden Kinder animierten mich immer wieder, etwas anzupacken und nicht im Nichtstun zu versinken. Ich lernte, im Leben wieder einen Sinn zu sehen.
Auf alle Fälle meine ich, dass es erforderlich ist, sich neue, erreichbare Ziele zu stellen, damit sich Wege aus diesem Dilemma finden. Diese Erkenntnis, verbunden mit einer neuen, konsequenten Einstellung zum Handeln, ist für den, dem das passiert, einfach lebenswichtig.

***

Leider kommt es bei mir durch dieses von einer Hirnverletzung ausgelöste Krankheitsbild immer wieder zu Epilepsieerscheinun-

gen, mit denen ich fertig werden muss. Diese entstehen durch die Narben, die ein Hirnschlag im Gehirn zurücklässt. Solche zentralnervlichen Schädigungen können plötzliche Bewusstlosigkeit bewirken, wobei man dann hantiert, jedoch davon nichts weiß ... Oft stellt das eine Gefahrenquelle dar.
Das kann sich auch auswirken auf das Bewegen von Armen und Beinen, das Schlucken, das Luftholen, das Gleichgewicht oder auf das Gehen und Bewegen im allgemeinen - also auf alles Mögliche, was uns im Grunde selbstverständlich erscheint, wenn es funktioniert.
Es ist gut, wenn man denkbare Wirkungen kennt und sich zumindest darauf einrichten kann.
Auch auftretende Wetterwechsel gehen oft nicht spurlos an mir vorüber; sie können Kopfschmerzen auslösen oder Schläfrigkeit. Das kann bis zur Migräne führen. Durch die ständigen Schmerzen im Kopf ist man dann nicht mehr in der Lage, etwas zu tun oder zu denken.

***

Zur Untersuchung der Epilepsie wurde ich in ein besonderes Epilepsiezentrum überwiesen. Im Untersuchungsraum waren an mehreren Orten Kameras aufgestellt, um die Patienten allseitig beobachten zu können. Während der Beobachtungszeit traten bei mir mehrere epileptische Anfälle auf.
Es passierte sogar, dass ich mich, natürlich ohne es selbst zu wollen, am Mobiliar vergriff. So stieß Ich gegen einen Schrank und verletzte mich dabei. Bei meinen lauten Hilferufen kam niemand.
Das Kuriose dabei: Von all dem wurde nichts registriert, aufgrund von technischen Fehlern bei der Dokumentation, so stellte es sich später erst heraus. Nanu - habe ich mir das alles nur ausgedacht, auch die Verletzungen?!

Im Abschlussbericht las man, dass Epilepsie nicht nachgewiesen werden konnte. Also setzte man das Anti-Epileptikum, das mir meine Neurologin verschrieben hatte, kurzerhand ab. Mit dem für mich äußerst ärgerlichen Ergebnis, dass in der nächsten Zeit täglich epileptische Anfälle unterschiedlicher Stärke auftraten. Hintergrund dieser Entscheidung könnte eventuell gewesen sein, dass es sich beim Anti-Epileptikum um ein ziemlich teures und obendrein importiertes Medikament handelte.

Ich meldete mich beim Chef dieser Epilepsieklinik persönlich und bekam umgehend einen Termin. Als ich meine Probleme schilderte, schüttelte dieser seinen Kopf und verschrieb mir augenblicklich wieder mein bewährtes Medikament - daraufhin hatte ich Ruhe!

Es ist eine meiner wichtigsten Erfahrungen, dass man auf jeden Fall die ausgestreckte helfende Hand der Familie, der Therapeuten und der Ärzte annehmen sollte. Man muss die angebotene Unterstützung unbedingt nutzen!
Mir half damals bei der Verarbeitung und Bewältigung der Krankheit, den Hergang selbst aufzuschreiben.
Auf alle Fälle ist es nötig, irgendetwas zu tun! Jeder ist in der Lage, für sich sinnvolle Betätigungen zu entdecken. Bei mir war es so, dass ich mir unter anderem eine Staffelei anschaffte und zu malen begann. Oder die Gartenarbeit: Da gibt es ebenso allerlei zu finden. Aussuchen sollte man Tätigkeiten, zu denen man auch in der Lage ist.
Das führt dazu, dass man sich an den Erfolgen und Fortschritten erfreuen kann und dass das Gefühl entsteht: Ich habe wieder etwas geschafft! Es entsteht der Gedanke: Das gefällt mir, das möchte ich weiter tun.
Die Depression nimmt ab mit dem Gefühl, wieder gebraucht zu werden - das ist sehr wichtig. Wenn die Partner das verstärken und das Gefühl aufkommt: »Das ist schön und richtig so, mach weiter« - das ist besonders gut!
Ein sinnvolles Ergebnis und eine positive Bewertung sind eine große Hilfe, um aus einer Depression herauszufinden. Das ist meine spezielle, ganz persönliche Erfahrung, und das möchte ich unbedingt auf diesem Wege weitergeben. Es gibt natürlich keine schnellen Erfolge, alles kann dauern. Bei mir waren es - wie bereits erwähnt - etwa acht Jahre.
Eine weitere Sache: Viele ziehen sich zurück, weil sie körperliche oder auch geistige Beeinträchtigungen haben. Nein! Man sollte sich nicht verstecken, sondern statt dessen in die Öffentlichkeit gehen. Damit ist nicht nur der Familienkreis gemeint.

Meine Frau und ich schlossen uns einer Selbsthilfegruppe an und übernahmen deren Leitung später selbst. Das ging gut bis zu meinem dritten Schlaganfall, der mir körperlich eine Grenze setzte.

Die Aufgaben in einer Selbsthilfegruppe sind so umfassend, dass man ständig engagiert ist und gar nicht mehr an Depressionen oder Ähnliches denkt. Ebenso wertvoll ist der persönliche Kontakt mit anderen Personen mit ähnlichen Problemen, weil man sich gegenseitig wieder aufbaut, wobei nach Möglichkeit auch die Angehörigen einbezogen werden sollten. Der Erfahrungsaustausch und die Kontakte sind sehr wertvoll für alle Seiten, weil sich ein schönes Zusammengehörigkeitsgefühl entwickelt.

Wenn es sich ein solcher Verein zur Aufgabe macht, unterstützend zu wirken, ist das sehr lobenswert.

Mittlerweile überstand ich vier Schlaganfälle. Trotz aller Widrigkeiten lasse ich mir meinen Humor nicht nehmen!

Dank

Am 10. Mai 2014 bei einer Zusammenkunft von Selbsthilfegruppen aus dem gesamten Vogtland unterbreitete ich, inspiriert von der eigenen Erfahrung, den Vorschlag, dass ich ein Buch schreiben könnte, in dem interessierte Personen ihr Schicksal darlegen: Was ihnen passiert ist und vor allem, wie sie das bewältigten und welche Rolle dabei ihre Umwelt spielte.
Denn es handelt sich um meine eigene Erfahrung, dass es in jedem Falle nützlich ist, sich mit der eigenen Geschichte auseinanderzusetzen. Als wertvoll für andere Personen sehe ich an, wenn überhaupt aus einem solchen »Abgrund« berichtet werden kann. Das ergänzt das solide Fachwissen der Mediziner um den nicht zu unterschätzenden Fakt der Erfahrung. Also frage ich mich: Warum sollte dieses Potential nicht genutzt werden, wenn es vorhanden ist?
Seitdem mir selbst ein Unfall widerfuhr, in dessen Folge völlig überraschend ein schwerer Schlaganfall auftrat, und ich merkte, dass ich in der Lage dazu bin, meine Situation darzustellen, möchte ich auf meinem Wege anderen helfen, so weit wie möglich aus so einem tiefen Loch herauszukommen. Dabei bin ich mir dessen bewusst, dass das nicht immer möglich sein wird. Jedoch weiß ich auch ganz genau, dass Aufgeben in so einer Situation der vollkommen falsche Weg ist.
Was jedem einzelnen der Personen widerfuhr, ist letzten Endes kaum noch von Belang. So wollte ich nicht etwa darstellen, dass Schlaganfälle am häufigsten auftreten; das liegt hier einfach am Kreis der Personen, mit denen ich sprach.
Ich habe in den vorliegenden Geschichten frei nacherzählt, was ich zunächst in zahlreichen persönlichen Gesprächen, die ich im gegenseitigen Einverständnis mit dem Diktiergerät aufzeichnete,

recherchierte. Folglich stehen hinter jeder Geschichte reale Personen und wahre Begebenheiten, logischerweise mit einigen Verfremdungen, begonnen mit den veränderten Namen.
Mein besonderer Dank gilt allen fünfzehn Personen und den beteiligten Angehörigen für ihre große Bereitschaft, mit mir über das ihnen Widerfahrene offen zu sprechen, damit die Grundlage für eine Geschichte bereitzustellen und so die Entstehung des Buches möglich zu machen.
Im Verlaufe dieser Gespräche spürte ich, dass es die Beteiligten als gut empfanden, auf diese Weise ein Sprachrohr gefunden zu haben. Man sollte ebenfalls nicht vergessen, dass jede Person so seinen Mitmenschen etwas mitteilen möchte, zum Beispiel, wie sie sich fühlten/fühlen oder welche Ansichten sich bei ihnen auf Grund dieses einschneidenden Ereignisses geändert haben. Insbesondere betrifft das die Antwort auf die Frage, was denn im Leben wesentlich ist und was weniger.
Ein Anliegen von mir war es, dass das Erzählen einer solchen Geschichte der Person selbst vor allem etwas bringt: dass sie sich über Verschiedenes besser klar wird, weil sie es neu durchdenkt. Ich erhoffe mir Zuwachs an Selbstbewusstsein bei den Personen. Und wenn es ausstrahlt auf andere, die nicht diesen Mut haben, dann wäre es noch besser.
Oft ist es übrigens in diesem Zusammenhang zu erleben, dass mancher »normale, gesunde Mensch« gar nicht umzugehen weiß mit dem Thema »Behinderung« (weil er so gut wie nichts darüber weiß!). Das kommt in einigen Geschichten zum Ausdruck. So ist es schon eigenartig, wenn jemand plötzlich wie ein kleines Kind behandelt oder als nicht vollwertig angesehen wird, nur weil irgendeine körperliche Sache nicht ganz intakt ist.
Also hoffe ich, dass mit diesem Buch ein Einblick in die Gedanken- und Gefühlswelt bei bzw. nach einer derartigen Extremsituation gewährt wird, was das Verständnis »gesunder« Menschen fördern sollte.

Bedanken möchte ich mich für alle Hilfen, die zur Entstehung des Buches beitrugen:
- zunächst bei meinem Ehemann für Toleranz und Verständnis für meine monatelange Arbeit am Buch sowie für seine Gestaltung des Buchcovers
- Dank gebührt Dr. Frieder Spitzner für seine zeitaufwendigen und uneigennützigen Hilfen bei der gründlichen Durchsicht des endgültigen Textes bezüglich seiner Richtigkeit sowie der Korrektheit von Formulierungen in den entscheidenden Monaten der Buchentstehung
- Dank an Regina Schütze für die Illustrationen im Buch
- Dank an Annett Hetz, die sich im Herbst 2015 engagierte bei der Kontrolle des Buchtextes und ebenso bei der Erstellung des Teiles mit den medizinischen Fachbegriffen
- die Personen im Buch wurden einerseits vom genannten Selbsthilfeverein sowie andererseits zu einem Drittel von meinen Therapeutinnen angesprochen und vermittelt - auch dafür herzlichen Dank!
Schließlich half mir manchmal die »bloße« Ermutigung von verschiedenen Seiten, doch nicht aufzugeben und die monatelange Arbeit zu Ende zu führen.
(Januar 2017)

Literatur und Internet

Webadressen:

www.sozialgesetzbuch-sgb.de

www.bmas.de (Bundesministerium für Arbeit und Soziales)

www.vdk.de (Verband der Körperbehinderten)

www.schlaganfall-hilfe.de

Gesetz und Recht:

Bundesministerium für Arbeit und Soziales: Versorgungsmedizinische Grundsätze« (seit 2009)
Seit dem 1. Januar 2009 gilt die Versorgungsmedizin-Verordnung mit den Versorgungsmedizinischen Grundsätzen. Unter der Internetadresse des Bundesministeriums für Arbeit und Soziales auch als Broschüre herunterladbar.

Sozialgesetzbuch
insbesondere:
SGB VI - Gesetzliche Rentenversicherung
SGB IX - Rehabilitation und Teilhabe behinderter Menschen

Fachbegriffe

Das **Aneurysma**, auch Arterienerweiterung oder umgangssprachlich Arterielle Aussackung genannt, ist eine spindel- oder sackförmige, lokalisierte, permanente Erweiterung des Querschnitts von Blutgefäßen infolge angeborener oder erworbener Veränderungen der Gefäßwand.

Angiografie bzw. -graphie nennt man in der Medizin die Darstellung von Gefäßen (meist Blutgefäßen) mittels diagnostischer Bildgebungsverfahren, beispielsweise Röntgen oder Magnetresonanztomografie (MRT). Hierzu wird häufig ein Kontrastmittel in das Blutgefäß injiziert. Auf dem Bild der aufgenommenen Körperregion zeichnet sich dann der mit dem Kontrastmittel gefüllte Gefäßinnenraum ab. Das resultierende Bild nennt man Angiogramm.

Apoplex - siehe **Schlaganfall** (Begriff wird oft als Synonym gebraucht)

Barrierefreiheit bezeichnet im deutschen Sprachgebrauch eine Gestaltung der baulichen Umwelt sowie von Information und Kommunikation in der Weise, dass sie von Menschen mit Behinderung und von älteren Menschen in derselben Weise genutzt werden kann wie von Menschen ohne Behinderung (zum Beispiel: Schwellen in der Wohnung, die Türbreite, Möglichkeiten zum Festhalten/Hinsetzen in der Dusche). Im außerdeutschen Sprachgebrauch wird dieser Zustand eher als »Zugänglichkeit« (engl.: Accessibility) bezeichnet. Der im deutschen Sprachraum in diesem Zusammenhang kursierende Begriff »behindertengerecht« wird zunehmend ungebräuchlich, da mit dieser Benennung keine umfassende Zugänglichkeit und Benutzbarkeit für alle Menschen bezeichnet wird.

Im weiteren Sinn zielt das Prinzip der Barrierefreiheit aber darauf, dass nicht nur Menschen mit Behinderung, sondern beispielsweise auch ältere Menschen und Personen mit Kleinkindern in die frei zugängliche Nutzung der baulich gestalteten Umwelt einbezogen werden.

Die **Computertomographie bzw. Computertomografie**, Abkürzung **CT**, ist ein bildgebendes Verfahren in der Radiologie. Im Gegensatz zum Röntgen ist in der Computertomografie die Nutzung eines Computers zwingend nötig, um aus den Rohdaten Schnittbilder erzeugen zu können – daher der Name. Durch rechnerbasierte Auswertung einer Vielzahl, aus verschiedenen Richtungen aufgenommenen Röntgenaufnahmen eines Objektes werden Schnittbilder erzeugt. Alternative Bezeichnungen sind CT-Scan, CAT-Scan oder Schichtröntgen.

Hirnblutung - Überbegriff für Blutungen im Inneren des Hirnschädels (intrakraniell) im Bereich des Gehirns (intrazerebral) oder der Hirnhäute (extrazerebral).
Als Hirnblutung im engeren Sinn bezeichnet man nur die intrazerebrale Blutung im Gehirn selbst. Diese entsteht meist plötzlich, insbesondere bei Menschen mit Bluthochdruck, und äußert sich als Schlaganfall.
Hirnblutungen können lebensbedrohlich sein. Viele Patienten mit einer Hirnblutung müssen neurochirurgisch behandelt werden.

Katheter sind Röhrchen oder Schläuche verschiedener Durchmesser aus Kunststoff, Gummi, Silikon, Metall oder Glas, mit denen Hohlorgane wie Harnblase, Magen, Darm, Gefäße, aber auch Ohr und Herz sondiert, entleert, gefüllt oder gespült werden können. Dies geschieht aus diagnostischen (untersuchungsbedingten) oder therapeutischen (behandlungsbedingten) Gründen.

Das **Kavernom** ist eine Gefäßmissbildung und kann prinzipiell in allen Geweben vorkommen. Klinische Relevanz haben in erster Linie Kavernome des zentralen Nervensystems, also des Gehirns und des Rückenmarks.

Lyse - siehe Thrombolyse

Die **Magnetresonanztomographie (MRT)**, kurz auch MR, ist ein bildgebendes Verfahren, das vor allem in der medizinischen Diagnostik zur Darstellung von Struktur und Funktion der Gewebe und Organe im Körper eingesetzt wird. Es basiert physikalisch auf den Prinzipien der Kernspinresonanz.

Als **Neglect** (von lateinisch: neglegere = nicht wissen, vernachlässigen) wird in der Neurologie eine Störung der Aufmerksamkeit bezeichnet, die durch eine halbseitige Schädigung im Gehirn (Hirnläsion) hervorgerufen wird und die dadurch charakterisiert ist, dass der Betroffene eine Hälfte seiner Umgebung bzw. des eigenen Körpers nicht oder nur schlecht wahrnimmt bzw. missachtet. Es handelt sich daher um ein primär fehlendes Krankheitsbewusstsein. Der Neglect zeigt sich anhand mehrerer Symptome, die unterschiedlich stark ausgeprägt sein können und nicht alle gemeinsam auftreten müssen.
Neglect wird gelegentlich irrtümlich bei Patienten mit einem eingeschränkten Gesichtsfeld diagnostiziert. Bei Gesichtsfeldeinschränkungen ist jedoch ausschließlich das Sehen betroffen, und die Störungseinsicht des Patienten ist in der Regel deutlich besser.

Ein **Schlaganfall** (auch Gehirnschlag, Hirnschlag, Apoplexie ...) ist eine plötzlich auftretende Erkrankung des Gehirns, die oft zu einem anhaltenden Ausfall von Funktionen des Zentralnervensystems führt und durch kritische Störungen der Blutversorgung des Gehirns verursacht wird.

Eine **Sprechkanüle** ist eine **Trachealkanüle**, die eine Fensterung besitzt, d.h. an der Wölbung, die im anatomischen Verlauf mit der Stimmritze in einer Parallele liegt, befindet sich eine Öffnung, welche den Luftstrom, der bei der Exspiration aus der Lunge strömt, durch die Stimmritze leitet. Somit ist ein tracheotomierter Patient in der Lage zu sprechen.

Ein **Stent** (Gefäßstütze) ist ein medizinisches Implantat zum Offenhalten von Gefäßen oder Hohlorganen. Es handelt sich meist um eine Spiraldrahtprothese in Röhrchenform aus Metall oder Kunstfasern.
Verwendung finden Stents zum einen in Blutgefäßen, speziell den Herzkranzgefäßen, um nach deren Aufdehnung (PTCA) einen erneuten Verschluss zu verhindern; eine solche Behandlung wird als Stentangioplastie bezeichnet. Zum anderen dienen Stents in der Krebsbehandlung dazu, durch bösartige Tumoren verursachte Verengungen von Atemwegen (Luftröhre), Gallenwegen oder der Speiseröhre nach einer Aufdehnung offenzuhalten.

Als **Tetraparese** bezeichnet man eine unvollständige Lähmung aller vier Extremitäten.

Die **Thrombolyse** (v. griech. thrombus „Blutpfropf", lyse „Auflösung") - im medizinischen Jargon kurz Lyse genannt - ist eine medizinische Therapie bei neu aufgetretenen Verschlüssen von Blutgefäßen. Das Verfahren kann zur Behandlung des Herzinfarkts (Myokardinfarkt), der Lungenembolie, des ischämischen Schlaganfalls und auch schon bei einer festgestellten, diese potentiell verursachenden Thrombose eingesetzt werden.die eingesetzten Stoffe aktivieren dabei Plasmin, ein Enzym der körpereigenen Fibrinolyse (Fibrinspaltung).

Eine **transitorische ischämische Attacke** (abgekürzt **TIA**) ist eine Durchblutungsstörung des Gehirns, welche neurologische Ausfallerscheinungen hervorruft, die sich innerhalb von 24 Stunden vollständig zurückbilden. Bildet sich die Symptomatik nicht vollständig zurück, so handelt es sich definitionsgemäß um einen ischämischen Schlaganfall.

Als **Tremor** (tremere = „zittern") wird das unwillkürliche, sich rhythmisch wiederholende Zusammenziehen einander entgegenwirkender Muskelgruppen bezeichnet. Der sogenannte physiologische Tremor von Gesunden ist messbar, allerdings kaum sichtbar. Deutlich sichtbarer Tremor kann als ein Symptom verschiedener Erkrankungen auftreten.

(Quelle: Wikipedia)